Massage tantrique pour les couples

Guide essential de l'amour et du massage en couple

Cindy Steele

Healing Habits Publishing

Contents

Dédicace

À tous les couples qui sont prêts à se redécouvrir à un niveau plus profond. Puisse ce livre vous offrir l'espace nécessaire pour réapprendre le langage du toucher et pour célébrer le lien sacré entre vos cœurs et vos corps. Pour l'amour qui grandit à travers la pleine conscience.

Introduction

Le sexe tantrique n'est pas pour les âmes sensibles. Il nécessite beaucoup de force musculaire, un intérêt pour le yoga, de la souplesse et une bonne condition physique. Une fois que vous l'auriez maîtrisé, il vaudrait tous les efforts que vous y auriez consacrés. Pour commencer votre voyage dans le sexe tantrique, vous devriez d'abord maîtriser l'art du massage tantrique.

Le massage tantrique est extrêmement gratifiant, et pas seulement pour la personne qui acquiert le massage. Grâce au massage tantrique, vous en apprendriez beaucoup sur le corps de votre partenaire, sur les zones qui l'excitent et sur les endroits sensibles de sa peau qui puissent le rendre fou.

Le massage tantrique est un excellent moyen d'entrer en contact avec votre partenaire sans pénétration. Même si cela ne semblerait pas très amusant pour la personne qui effectue le massage, elle en serait récompensée d'une autre manière. Une personne qui aurait bénéficié d'un massage tantrique serait plus disposée à essayer des choses différentes, plus détendue et, si elle est utilisée comme méthode d'excitation, peut être extrêmement bénéfique pour la personne qui exécuterait le massage.

Outre l'excitation de votre partenaire, vous profiteriez de votre relation sexuelle. Votre partenaire serait tellement agité par l'acte du massage tantrique qu'il vous attaquerait pratiquement en extase lorsque vous auriez terminé ce glorieux massage qui permettrait également une connexion spirituelle.

Une connexion spirituelle donnerait à de nombreuses personnes l'impression que leurs rapports sexuels serait plus puissants. Le massage tantrique vous aiderait tous deux à raviver cette connexion et à la renforcer chaque fois que vous êtes d'humeur à le réaliser en le pratiquant sur votre partenaire.

Prolonger l'orgasme

L'orgasme est la pièce maîtresse de toute expérience sexuelle. Les femmes mettent en effet plus de temps à atteindre le point d'excitation qui leur permet d'atteindre l'orgasme. C'est pourquoi il est nécessaire de développer l'anticipation avant d'entrer dans le domaine des rapports sexuels. Le massage tantrique pourrait être très bénéfique à cet égard, car il serait extrêmement excitant et relaxant. Par conséquent, votre partenaire serait plus ouvert sexuellement et aussi excité que vous, lorsque vous commenceriez votre pratique ensemble.

Un autre avantage du massage tantrique est qu'il peut faire durer les orgasmes et en augmenter la force grâce aux propriétés relaxantes, à l'excitation et à l'intensité des sensations créées par le massage.

Chapitre 1 : Massage tantrique - Les bases

De nos jours, des millions de personnes dans le monde s'intéressent sérieusement à leur corps et à leur esprit. Ils s'adonnent à la relaxation en raison des divers facteurs de stress associés à la vie trépidante d'aujourd'hui. Le massage tantrique est un excellent moyen de créer un moment de détente et d'intimité pour vous et votre partenaire.

La plupart des gens sont stressés dans leur vie quotidienne, où qu'ils se trouvent. Ils ressentent du stress dans leur vie personnelle, à la maison, et du stress lié aux tâches ménagères et autres obligations qui font partie de leur vie. Il est donc très difficile de se mettre d'humeur à faire l'amour avec son partenaire, principalement parce que le stress de la vie quotidienne ne cesse de s'insinuer dans leur esprit.

Massage

De nombreuses personnes se tournent vers divers moyens pour chasser le stress de leur vie. Elles ont recours à l'aromathérapie, aux massages de pierres chaudes, au shiatsu et aux massages thaïlandais. Ce sont en tout cas les types de massages les plus connus et les plus populaires. Le massage tantrique devient rapidement l'une des méthodes de relaxation les plus populaires dans les relations, car il est bénéfique pour les deux parties à long terme.

Les gens utilisent les massages pour se détendre de leur emploi du temps extrêmement chargé. Cependant, il existe un nouveau type de massage que les couples devraient connaître : Le massage tantrique.

Avant d'élaborer les différents types de massages tantriques, les techniques ainsi que les stratégies, il est nécessaire de faire la différence entre le massage tantrique, le sexe tantrique et la caresse tantrique. Cela vous aiderait à utiliser les termes corrects au moment venu.

La caresse tantrique

La caresse tantrique est l'un des principaux aspects du sexe tantrique. De nombreuses personnes sont surprises de découvrir que le sexe tantrique ne se limite pas à l'apprentissage de nouvelles positions sexuelles, même s'il est possible d'en apprendre également. La caresse tantrique vous aiderait à vous brancher à votre partenaire par le biais de l'esprit, du cœur et du corps. Cela fait du sexe tantrique une expérience plus personnalisée.

Il permet de développer une connexion plus profonde avec votre partenaire et d'amener l'interaction sexuelle à une approche plus spirituelle. Avec les changements incessants de mode de vie, il arrive que les couples n'aient pas assez de temps pour se connecter par une simple caresse intime. En conséquence, la relation pourrait vaciller et, si la négligence se poursuit, elle peut aboutir à une mauvaise rupture.

En ce qui concerne la caresse tantrique, voici des moyens les plus importants à retenir.

Respect de la vie privée

Veillez à ce qu'il n'y ait pas de perturbations pendant votre séance. Vous pourriez ainsi vous détendre sans craindre que personne ne vous dérange. Bloquez toute influence extérieure. Fermez les portes à clé, assurez-vous que les enfants dorment (ou qu'ils passent la nuit chez leurs grands-parents) et éteignez tous les appareils électroniques. Tous les téléphones doivent être éteints, y compris le téléphone portable et celui de la maison. Si vos enfants sont en âge de sortir seuls, assurez-vous qu'ils ne risquent pas de rentrer. Si nécessaire, dites-leur que vous préparez une séance de massage. Ils resteront ainsi à l'écart ! Si vous avez tendance à recevoir des appels en permanence, affichez une note sur votre porte d'entrée pour indiquer que vous ne voulez pas d'interruptions pendant que vous vous reposez. Demandez également que l'on ne sonne pas à votre porte. Toute possibilité d'interruption pourrait rendre le massage moins gratifiant, car il y a toujours la menace constante d'une interruption.

Prenez le temps

Si vous avez l'occasion de rencontrer des amis et d'aller prendre un pot, profitez-en pour passer du temps avec votre partenaire. Vous devrez vous assurer que l'emploi du temps de votre partenaire et le vôtre prévoient tous deux du temps libre pour aider vos corps et vos esprits à se détendre.

Se préparer correctement :

la caresse tantrique ne se produit pas de manière mystérieuse ou surnaturelle. Vous devriez vous y préparer. Voici quelques idées à prendre en considération.

1. Faites une promenade dans le parc, en vous tenant la main et en vous sentant détendu.

2. Prenez une douche ensemble, ce qui favoriserait certainement la caresse tantrique.

3. Allumez des bougies dans la chambre à coucher pour favoriser la caresse tantrique.

Vous devriez savoir que le point clé pour aboutir à la caresse tantrique parfaite est de s'assurer que vous avez tous les deux l'esprit léger en compagnie de l'autre.

De plus, si vous souhaitiez créer une bonne ambiance, la musique peut être utilisée pour éliminer tout bruit indésirable provenant du monde extérieur. Veillez à choisir une musique qui ne serait pas trop forte ou irritante. La musique d'ambiance serait parfaite, et une musique appropriée pourrait parfaitement convenir à la séance de massage tantrique. La musique contribuerait à vous mettre tous les deux dans une ambiance détendue, à atténuer le stress et à abandonner vos corps au plaisir.

L'endroit où vous faites l'expérience de la caresse tantrique est important. Si vous êtes dans une pièce en désordre, pensez-vous que cela vous aidera à vous détendre ? Dans le cadre de votre préparation, veillez donc à ce que l'endroit soit agréable et propre. Si vous voulez créer une ambiance, vous pouvez utiliser des bougies et des huiles parfumées, qui vous aideraient, votre partenaire et vous, à vous détendre.

Pas de jugement

Ne jugez pas, admirez. Vous ne devez pas cesser de regarder le corps de votre partenaire, mais si vous le regardez de la mauvaise manière, vous enverrez un mauvais message, ce qui transformera la situation en un moment gênant au lieu d'un moment intime. Si vous voulez que cela fonctionne, assurez-vous que vous ne regardez pas le corps de votre partenaire de manière à ce qu'il le perçoive de façon critique. Vous devez toujours regarder le corps de votre partenaire comme s'il était attirant et comme si vous étiez en admiration devant chaque pli et chaque crevasse. Ignorez toutes les imperfections et concentrez-vous sur ce que vous aimez chez votre partenaire. Tout ce que vous avez à faire, c'est de regarder en admirant, comme si on regarde un beau tableau dans une galerie d'art. Admirez chaque centimètre carré du corps de votre partenaire comme s'il s'agissait de la plus belle œuvre d'art que vous ayez jamais vue. Vous devez vous présenter comme si votre partenaire était votre âme sœur. Vous voulez savoir ce qui le rend heureux et vous voulez savoir ce que chaque contact lui ferait ressentir.

Commencer en douceur

Si vous voulez que cette caresse tantrique soit couronnée de succès, ne soyez pas animal. Commencez par une caresse douce. Lorsque vous atteignez votre partenaire et que vous le touchez, soyez attentif à sa réaction, car elle vous indiquera s'il aime ou non la façon dont vous la caressez. Si votre partenaire apprécie quelque chose ou préfère que vous la touchiez différemment, laissez-lui la possibilité de s'exprimer et accueillez-la comme si votre seule pensée du moment était de lui faire plaisir et de vous assurer qu'il se sente aussi bien que possible. Lors d'un massage tantrique, vous devez vous assurer que vous ne pensiez pas à vous. Vous ne pensez qu'à votre partenaire et à ce qu'il ressent à ce moment-là.

Sexe tantrique

Le sexe tantrique n'est pas comme le sexe normal ou l'amour. Il permet de renforcer les exercices sexuels et d'accroître la joie sexuelle tout en vivant une expérience épanouissante. Le terme "sexe tantrique" provient de la racine du mot tantra, qui est indien. Il signifie montrer, manifester et tisser.

On dirait qu'il améliore la santé d'une personne parce qu'il utilise fondamentalement la vitalité sexuelle d'un individu lorsqu'il pratique ce type de sexe. En utilisant cette énergie sexuelle, un individu peut puiser dans la véritable source de vitalité et de jeunesse.

Souvent, les individus perçoivent le sexe comme un aspect majeur de la vie qui aide à la reproduction. Le sexe tantrique se concentre davantage sur la transformation spirituelle et sexuelle d'une personne, sur la recherche de l'euphorie et sur l'établissement d'une connexion plus profonde avec votre partenaire.

Le sexe tantrique n'est pas axé sur le produit final de l'orgasme comme la plupart des expériences sexuelles. L'objectif du sexe tantrique est de profiter de l'acte sexuel et de retarder l'orgasme le plus longtemps possible. L'objectif serait d'établir une connexion avec votre partenaire à un niveau que le sexe ordinaire ne pourrait pas exposer. Vous devez vous concentrer sur le développement d'un lien spirituel et savourer la sensation de chaque mouvement et de chaque baiser.

Le sexe tantrique pourrait nécessiter des pauses pour s'assurer qu'il atteint un point de connexion spirituelle et que vous ne vous concentrez pas sur le but final ou l'orgasme. Dans le sexe tantrique, l'orgasme devrait être évité aussi longtemps que possible.

À titre indicatif, une séance typique de sexe tantrique pourrait durer plusieurs heures et être extrêmement épuisante pour vos muscles. Veillez à garder des rafraîchissements à portée de main pour éviter de vous déshydrater ou d'avoir la bouche sèche. Arrêtez-vous de temps en temps pour boire un verre. Cela vous permettra non seulement de rester hydraté, mais aussi de prolonger la séance en réduisant la stimulation de vos organes sexuels pendant une courte période. Cela permettrait à l'excitation de retomber et vous permet de vous recentrer sur le but de l'expérience au lieu de vous laisser aller à une excitation excessive trop rapide.

Vous devriez également vous concentrer sur les sentiments et les besoins de votre partenaire. Bien que l'objectif global d'une séance de sexe tantrique soit le plaisir, elle devrait être orientée vers un plaisir égal pour les deux personnes impliquées dans la séance, et non pour une seule personne.

REMARQUE: si vous pratiquez le sexe sans risque, assurez-vous d'avoir plusieurs préservatifs à portée de main, car ils pourraient s'étirer ou se rompre au cours de rapports sexuels prolongés. Cela permettrait de garantir la sécurité de l'ensemble de la relation et de pouvoir changer de préservatif en cas de besoin. Une autre option consiste à utiliser des préservatifs féminins, qui sont plus durables que les préservatifs masculins.

Les bases du sexe tantrique

La caresse tantrique étant un élément fondamental du sexe tantrique, il est nécessaire de créer un endroit confortable pour que cela se produise.

Voici, en termes simples, les bases d'une sexualité tantrique réussie:

- On devrait se trouver dans un endroit où vous pouviez tous deux vous sentir détendus tout en étant enjoués et prêts à prendre du plaisir.

- Assurez-vous de correspondre au mode de respiration de votre partenaire. Par exemple, si votre partenaire inspire, vous devez expirer. le fait de correspondre au rythme respiratoire de votre partenaire est l'une des choses les plus importantes pour réussir à pratiquer le sexe tantrique.

- Gardez les yeux ouverts. Souvent, lorsque les gens font l'amour, ils ferment les yeux. Dans le sexe tantrique, vous devez les garder ouverts et concentrés sur votre partenaire. De cette façon, vous approfondissez votre association avec votre partenaire, et le fait de tout voir est sérieusement transformateur.

- Faites en sorte que les choses se passent bien et lentement. Les gens sont souvent pressés et ne pensent même pas aux attouchements tantriques ou aux préliminaires. Ils considèrent le sexe comme un sexe normal, alors que dans le sexe tantrique, l'épanouissement et la joie supplémentaires pourraient contribuer à augmenter la vitalité et l'énergie. L'âge ne fait pas de différence dans le sexe tantrique.

Le massage tantrique

Avant de clore ce chapitre, parlons du massage tantrique. Il est possible de pratiquer le tantra sans y inclure le sexe, et l'une des façons de le faire est le massage tantrique. Il s'agit d'un massage extrêmement personnel utilisé pour la relaxation et pour établir une relation plus intime entre deux personnes. Le massage tantrique devrait être possible grâce au partage de la vitalité et à la relaxation mutuelle.

Ce type de massage mêle la vitalité sexuelle au massage standard que vous connaissez peut-être déjà. L'objectif de ce massage est de revigorer les sept énergies, également appelées "chakras". Les chakras sont situés le long de la colonne vertébrale, et en ajustant les chakras, vous pouvez permettre aux énergies bloquées de circuler dans tout le corps.

Telles sont les différences entre le toucher tantrique, le sexe tantrique et le massage tantrique. Dans ce livre, nous nous concentrerons davantage sur le massage tantrique, ses avantages et quelques stratégies bien connues que vous pouvez répéter avec votre partenaire.

Les femmes sensuelles

Les femmes sont excitées de manière très différente des hommes et il faut parfois un certain temps pour savoir comment et où votre partenaire a besoin d'être touchée et stimulée, ce qui est très important aux différentes périodes du cycle menstruel. Saviez-vous que le massage pouvait vous permettre de mieux comprendre les réponses et les réactions sensuelles de votre partenaire ? Il peut vous aider vraiment à chérir ses désires et ce qu'elle voudrait , et quand. Pour encourager la sexualité de votre femme, consultez les conseils ci-dessous.

Sachez qu'une femme doit avoir des sentiments profonds si vous voulez avoir accès à sa sensualité. N'oubliez pas de veiller à ce que votre partenaire se sente valorisée, validée et aimée. Lorsqu'elle s'ouvre totalement à l'expérience du massage, vous savez qu'elle se sent en sécurité. Vous pouvez utiliser certains gestes pour lui faire comprendre que vous l'aimez et l'adorez à tous les niveaux. Le premier geste consiste à poser délicatement votre main au-dessus de ses seins. C'est là que se trouve le chakra du cœur, une source d'énergie qui peut aider à faire remonter toutes les sensations de ses zones érogènes jusqu'à son cœur. Cela lui indique également que vous compreniez et reconnaissiez ce qu'il y avait dans son cœur.

Zones érogènes féminines

Les hommes et les femmes ont tous deux de nombreuses zones érogènes sur leur corps, mais chez les femmes, il y en a certaines sur lesquelles vous devriez vous concentrer pour les stimuler et les exciter :

Le cou: Lorsque vous caressez le cou et que vous le mordillez sur les côtés, votre partenaire éprouve des sensations sensuelles profondes. Le cou est l'une des zones les plus importantes du massage tantrique et le fait de bien le travailler peut contribuer à produire une forte énergie sexuelle.

Lèvres: Autre partie du corps incroyablement sensible, les lèvres réagissent bien aux caresses douces et délicates du bout des doigts et aux baisers de toutes sortes. Plus vous embrassez profondément les lèvres de votre femme, plus elle ressent du plaisir. Ne sous-estimez pas le pouvoir d'un baiser lorsque vous donnez un massage tantrique à votre partenaire. Il peut vraiment stimuler les hormones sexuelles et les sentiments.

Taille: La taille n'est pas une zone que la plupart des gens considèrent comme érogène, mais elle l'est. Utilisez vos deux mains pour la masser ou le bout de vos doigts pour la caresser doucement, ce qui vous procurera des sensations sexuelles étonnantes.

Bras: Offrez à la personne massée des sensations étonnantes en caressant doucement l'intérieur de ses bras du bout des doigts.

Les mains: Caressez légèrement la paume de leurs mains et sucez doucement leurs doigts pour leur donner un coup de pouce sexuel. Les mains sont un élément important du massage tantrique, et pas seulement pour la personne qui masse. Les caresses des mains et la succion des doigts peuvent produire des sensations sensuelles chez une femme.

Les seins: La zone des seins est très sensible, et la caresser doucement peut provoquer une excitation instantanée. Ensuite, passez aux mamelons, une zone encore plus sensible qui réagit rapidement à tout contact, que ce soit avec les doigts ou la bouche. Les mamelons sont considérés comme l'une des zones érogènes les plus importantes pour procurer du plaisir sexuel sans rapport sexuel.

Le bas-ventre: Le bas-ventre est l'une des zones érogènes les moins connues, mais le fait de le caresser doucement peut provoquer une forte excitation. Il est important de se rappeler que cette zone peut vous être d'une grande aide pendant le massage tantrique, car vous pouvez éveiller l'appétit sexuel de votre femme à un tout autre niveau.

Étapes d'une séance de massage tantrique réussie

Intimité

Si vous et votre partenaire sentez que vous êtes prêts à atteindre un niveau d'intimité plus profond et des sensations érotiques plus intenses entre vous deux, le massage tantrique pouvait vous offrir à tous deux de tout nouveaux types d'expériences. Ces massages sont conçus pour vous afin que vous puissiez donner et recevoir du plaisir érotique.

Pour tirer le meilleur parti d'une séance de massage tantrique, il est important de se sentir totalement à l'aise et désinhibé avec votre partenaire. Vous devez trouver des moyens de vous accorder l'un à l'autre sur le plan émotionnel et physique, car cela peut vous aider à vous libérer du stress quotidien et à abandonner vos corps aux plaisirs sensoriels du massage.

Renforcer les liens

Faites en sorte que vous et votre partenaire vous sentiez plus comme une seule personne que comme deux. Vous découvririez que vous avez un lien vraiment intime. Lorsqu'il n'y a pas de ponts entre vous, que vous êtes capables d'être totalement honnêtes l'un envers l'autre et de vous faire confiance de manière inconditionnelle, c'est à ce moment-là que vous ressentiriez une véritable connexion. Lorsque vous avez tous deux le sentiment d'être en sécurité sur le plan émotionnel, il s'ensuit que vous avez tous deux envies d'une plus grande proximité physique.

En renforçant votre lien intime avec votre partenaire, vous ouvriez la voie à une expérience de massage tantrique beaucoup plus intense, émotionnelle, érotique et agréable.

Connexion émotionnelle

Ne pensez même pas à commencer un massage tantrique avant d'avoir pris le temps d'être affectueux l'un envers l'autre. Prenez l'autre dans vos bras, touchez-le et caressez-le pour vous aider à vous détendre et à entrer dans l'instant présent. Regardez l'autre dans les yeux avec amour et mettez-vous à l'écoute de l'autre. Veillez à ce que votre respiration corresponde, en inspirant et en expirant lentement ensemble, afin de renforcer votre connexion et d'améliorer votre concentration. Cela vous permettrait de vous aligner sur les niveaux sexuels et passionnels de l'autre.

Vous devez tous deux penser intentionnellement à l'autre et à ce que vous remarquez chez lui. Quelles sont ses qualités ? Quelle est la couleur de ses yeux ? Si une pensée positive vous vient à l'esprit, dites-le à votre partenaire. Dites-lui que vous aimez être avec lui et qu'il a l'air en pleine forme. Tout ce que vous lui direz, vous aiderait, votre partenaire et vous, à vous connecter sur le plan émotionnel.

Une fois que vous êtes pleinement connectés l'un à l'autre, la personne qui profite du massage peut se laisser aller, en concentrant son attention sur son plaisir et sur les sensations que le massage évoque. La personne qui donne le massage peut concentrer son attention sur le plaisir qu'elle éprouve à donner le massage tantrique. De tels moments contribueront grandement à ce que vous vous appréciez l'un l'autre.

Créer un lien physique

Votre cerveau reçoit des messages lorsque vous posez vos mains ou le bout de vos doigts sur quelqu'un. Le cerveau remplit ensuite le corps d'hormones qui procurent un plaisir profond. Lorsqu'il est pratiqué de manière réfléchie et en pleine conscience, le toucher peut aider les deux partenaires à s'exciter. Si vous pensez ne serait-ce qu'une fois que le massage tantrique ne vous intéresse pas, essayez simplement d'être avec votre partenaire et de le toucher. Vous constaterez que votre lien se renforce et que le système de réponse de votre corps s'excite. Lorsque vous vous serrez l'un envers l'autre, concentrez-vous sur les aspects physiques de votre partenaire et apprenez à le connaître avant le début du massage. Caressez sa peau, tenez ses bras et sentez ses mains. Sachez que, bien que vous soyez tous deux physiquement différents, ces différences jouent un rôle important dans votre niveau d'excitation et d'énergie sexuelle.

Être réceptif

Si vous êtes tous deux d'accord sur la destination souhaitée, le massage tantrique peut être le prélude idéal à une relation sexuelle. L'un des effets les plus bénéfiques d'une séance de massage tantrique est le sentiment de dilater le temps. Les sensations corporelles sont fortes et l'acte même de respirer devient conscient. Vous pourriez être en train de passer le meilleur moment de votre vie, et vous pourriez ne pas vouloir que cela s'arrête jamais parce que les sentiments que vous éprouvez à l'intérieur seraient plus intenses que vous ne l'aviez jamais expérimenté auparavant, puisque le massage tantrique est très sensuel.

Activer les chakras

Demander à masser les chakras de votre partenaire peut vraiment contribuer à l'exciter et à le séduire. Veillez à consacrer suffisamment de temps à ces zones, en particulier au chakra de base, qui se trouve toujours à la base de la colonne vertébrale. Lorsque vous commencez à masser le dos, les fesses et les cuisses de votre partenaire, effectuez des mouvements circulaires dans le bas du dos. Cela stimule les organes génitaux et ce type de sensation se répand dans tout le corps, l'excitant et le préparant à d'autres attouchements. Si vous le souhaitez, vous pouvez utiliser un vibrateur pour masser cette zone et donner encore plus de plaisir à votre partenaire.

Chapitre 2 : Principaux avantages du massage tantrique

Les individus peuvent se détendre grâce au massage thaïlandais, aux pierres chaudes, au massage suédois et à l'aromathérapie. Le massage tantrique présente également de nombreux avantages. Voici quelques-uns des plus importants.

Amélioration des schémas ou techniques de respiration

L'un des systèmes respiratoires que le massage tantrique consolide habituellement est le "pranayama". Il s'agit d'inspirer plus profondément par les narines et d'expirer rapidement. Cette technique étonnante libère de l'énergie dans tout le corps de manière très efficace. Elle permettrait non seulement d'améliorer les stratégies de respiration, mais aussi d'accroître les capacités d'entraînement et la vivacité d'esprit. Le temps de guérison d'une maladie ou d'une blessure diminuerait grâce à l'amélioration et à la création de la relaxation.

Détend le corps et l'esprit:

Dans tout massage accessible aux personnes en général, l'objectif fondamental serait la relaxation du psychisme et du corps. En revanche, le massage tantrique ne se contente pas de détendre les deux. Il diminue également toute douleur émotionnelle dont vous pourriez souffrir.

En outre, le massage tantrique aide à réduire les maladies physiques. Comme le massage tantrique améliore la vigilance des gens, il les rendrait plus actifs tout au long de la journée et les aiderait à se reposer plus profondément la nuit. Les personnes qui avait fait l'expérience du massage tantrique disaient souvent qu'elles se sentent moins anxieuses ou moins coupables. C'est certainement l'un des meilleurs avantages du massage tantrique.

Plus d'excitation sexuelle

Lorsque le massage tantrique est pratiqué en couple, il renforce les liens qui les unissent, ce qui pourrait favoriser un moment plus intime. En revanche, si le massage tantrique est pratiqué sur une personne seule, il est essentiel de faire part à votre masseur des sensations que vous rencontriez. L'excitation sexuelle serait toujours susceptible de se produire pendant la séance.

Soulager le stress

Le stress peut être dû à l'accumulation de paperasse, au travail scolaire, aux problèmes familiaux ou même aux multiples tâches que vous devriez accomplir à la maison. Face à ces situations stressantes, prendre rendez-vous avec une masseuse vous aiderait à libérer votre cerveau et votre corps. Le massage tantrique vous aiderait à rendre votre corps léger et à libérer votre psyché de toute l'anxiété que vous éprouvez.

Améliore les capacités d'orgasme des hommes âgés

Au fil des années, le niveau d'hormones chez les hommes (et même chez les femmes) diminue avec l'âge, et les hommes âgés ont moins d'excitation sexuelle et ne peuvent souvent pas avoir d'orgasme par quelque moyen que ce soit. Dans de tels cas, le massage tantrique serait utile car il pourrait stimuler la production d'hormones sexuelles. En conséquence, les hommes âgés constateraient qu'ils sont moins portés aux problèmes d'érection.

Aide à comprendre le corps humain

L'un des principaux objectifs du massage tantrique est de libérer les énergies sexuelles bloquées. Au cours d'une séance de massage, une personne pourrait déterminer les parties du corps qui déclencheraient l'excitation sexuelle. En outre, il pourrait se concentrer sur les besoins particuliers qui puissent influencer la joie pendant les activités sexuelles. En résumé, le massage tantrique n'est pas seulement un type de massage qui pourrait améliorer les plaisirs sexuels d'un homme. Il pourrait également être avantageux pour le bien-être et la santé d'un homme. Le massage tantrique permettrait de mieux comprendre le corps humain.

La logique tantrique montre que tout doit être expérimenté énergétiquement, mais avec une attention et un sentiment de sainteté dans chaque mouvement, chaque compréhension sensorielle et chaque activité. La voie du Tantra est une voie plus profonde, qui intègrerait et valoriserait l'expérience de notre sexualité et de notre nature érotique en tant que thérapie consciente, en tant que flux d'énergies physiques, sexuelles et amples.

Si vous étiez un adepte convaincu de la philosophie tantrique, vous feriez l'expérience d'un projet d'activités physiques, sexuelles et mentales visant à élever votre conscience tangible. Grâce à une pratique modérée et attentive des stratégies de l'amour, vous découvririez comment élargir facilement la séance d'amour. En vous préparant à être plus attentif, vous seriez en mesure d'influencer vos propres émotions et celles de votre partenaire. La partie la plus profonde du tantra est d'utiliser votre vitalité sexuelle pour émerger de manière extatique avec votre partenaire et, à travers lui, de ne faire qu'un avec l'Univers ou Dieu - qui que ce soit et quoi que ce soit en quoi vous croyiez.

Un guide simple du massage tantrique pour pimenter votre vie amoureuse

Le massage est une approche formidable pour augmenter la pression, améliorer la circulation sanguine, faire circuler l'énergie dans le corps et exciter sexuellement votre partenaire ! Le massage est en outre une méthode couramment utilisée pour aider les couples à se rapprocher l'un de l'autre. La société moderne est souvent privée de toucher, et le massage est un moyen simple et rapide d'encourager ces appétits. "Simple?" Vous vous demandez peut-être. En effet, il n'est pas nécessaire d'être un spécialiste du massage certifié pour donner un incroyable massage tantrique. L'ingrédient le plus vital d'un massage incroyable est la volonté de satisfaire votre amant(e). Dans cette optique, voici quelques suggestions.

Pour commencer, créez un état d'esprit propice à une situation sentimentale en tamisant les lumières, en allumant quelques bougies et bâtons d'encens, en diffusant la musique relaxante préférée de votre chéri(e) et en chauffant la pièce pour que vous soyez tous les deux à l'aise. Je sais que, très vite, vous auriez suffisamment de chaleur pour vous deux. Toutefois, il est généralement préférable de commencer à une température qui vous conviendrait à vous deux - d'autant plus que vous êtes sur le point de vous déshabiller!

Chapitre 3 : Règles du massage tantrique

De nos jours, un grand nombre d'entre nous sont susceptibles d'être blessés. Il y a les blessures physiques, par exemple les maux de dos, les douleurs cérébrales, une simple entorse ou un claquage musculaire, un léger coup sur la tête ou des tensions dues à une séance d'entraînement épuisante qui se concentre sur une seule partie du corps. Il existe des blessures émotionnelles telles que l'anxiété, l'agitation, la fatigue mentale, les petits tracas, la mélancolie, les frustrations, les incohérences, les ruptures, le sentiment de culpabilité, et bien d'autres encore. Tout le monde rencontre de telles blessures chaque jour, et celles-ci épuisent non seulement les bonnes énergies, mais aussi les énergies positives. Ces blessures peuvent se transformer en énergie négative, tant dans le psychisme que dans le corps. Elles peuvent atteindre un échelon critique si elles ne sont pas traitées et conduire à des problèmes de santé extrêmes, tant physiques que mentaux.

Il est important de reconnaître la différence entre un massage conventionnel et un massage tantrique. Un massage conventionnel ou standard est principalement pratiqué pour éliminer ou atténuer brièvement des douleurs corporelles mineures et pour la relaxation mentale. Le massage tantrique, quant à lui, est pratiqué pour revitaliser la sensualité qui peut s'être dissipée en raison de l'anxiété et du stress auxquels les gens sont confrontés quotidiennement. Pour obtenir les effets les plus extrêmes du massage tantrique, il faut le pratiquer de la bonne manière. Ce sont les principes les plus importants du massage tantrique pour guider toute personne vers un massage tantrique réussi.

Rassembler les éléments les plus importants pour un massage tantrique

Tout d'abord, choisissez des bougies parfumées, des huiles ou de l'encens pour nettoyer et aromatiser l'air à l'intérieur de votre pièce préférée. L'aromatisation de l'air permettrait également une meilleure circulation de l'air. En outre, choisissez la musique que vous et votre partenaire aimez pour créer une bonne ambiance pour tous les deux. N'oubliez pas de vérifier la ventilation de la pièce, car vous devez être aussi à l'aise que possible lorsque vous effectuez et recevez un massage tantrique. En ce qui concerne le choix de la musique, assurez-vous de disposer d'une liste de lecture substantielle afin de ne pas avoir à vous arrêter pendant la séance pour mettre une autre chanson.

Ensuite, assurez-vous d'avoir au moins quatre serviettes propres , douces et deux draps en plastique ou en caoutchouc propres. Les serviettes serviront à envelopper les oreillers. Certaines des huiles que vous souhaitez utiliser pourraient laisser des taches sur vos vêtements. Il est donc recommandé d'utiliser des feuilles de plastique ou de caoutchouc.

Enfin, vous devez choisir l'huile ou la pommade que vous utiliserez pour le massage tantrique. Renseignez-vous sur les meilleures alternatives en matière d'huiles ou de crèmes. Vous pouvez également vous rendre dans un magasin spécialisé et demander des suggestions que vous pourrez utiliser.

Veillez à ce que l'ambiance soit bien réglée

Veillez toujours à ce que la porte soit fermée à clé, car vous n'avez pas besoin d'être interrompu pendant un massage tantrique. Il est également impératif que vos deux téléphones portables ou tout autre appareil électronique soient en mode silencieux ou, mieux encore, éteints.

Avant que votre partenaire n'entre dans la pièce, vous devez vérifier que tout est arrangé et dans la bonne position. Par exemple, la table de massage est correctement recouverte, les serviettes sont enroulées et les bougies sont allumées.

Un éclairage parfait est également une nécessité absolue. Il ne doit pas être très lumineux ou très faible, mais il doit être sensuel. Veillez toujours à créer l'ambiance que votre partenaire préfère, car s'il est heureux, vous le serez aussi à la fin de la séance. Vous pouvez dire que vos préférences sont également importantes, mais il faut être deux pour danser le tango. Assurez-vous que vous êtes tous les deux sur la même longueur d'onde en ce qui concerne le plaisir et la relaxation. N'oubliez pas non plus de boire de l'eau pour rester hydraté pendant la séance de massage.

Autres éléments à intégrer dans votre agenda

4. Demandez à votre partenaire de se laver ou de se doucher avant de recevoir le massage tantrique.

5. Assurez-vous que vos ongles sont propres et bien coupés, et qu'il n'y a pas de bords tranchants qui pourraient blesser votre partenaire.

6. Veillez à votre hygiène personnelle avant le massage.

7. Le masseur et le massé doivent tous deux être décontractés, avec pour objectif spécifique d'apprécier pleinement le massage.

Communiquer pendant le massage tantrique

Puisque c'est vous qui avez proposé la séance de massage, vous devriez être le premier à discuter de cette expérience unique. Vous devez évaluer la préparation de votre partenaire à l'expérience du massage tantrique. Si vous remarquez des hésitations ou des réserves de la part de votre partenaire à propos du massage tantrique, vous devez y répondre rapidement. Vous pouvez rassurer votre partenaire sur les avantages, l'impact et le pourquoi de la séance à venir. Vous devez expliquer à votre partenaire la véritable raison et l'objectif du massage tantrique. Clarifiez-les en termes simples et dites à votre partenaire que vous êtes ouvert à tout type de question.

Établir une connexion initiale avant de commencer

Vous devez établir une connexion entre vous et votre partenaire par le biais d'un contact visuel et/ou des discussions. Échangez des pensées et des histoires sur n'importe quel sujet, parlez de massage tantrique ou simplement des choses insignifiantes. Lorsque vous serez tous deux à l'aise, vous sentiriez le début de la connexion, et c'est le moment de positionner votre partenaire pour un massage tantrique. Parvenir à un niveau de confort typique et établir la connexion d'introduction est la première étape critique du massage tantrique, car cela atténuera toute hésitation ou réserve et aidera à atteindre l'épanouissement partagé, la participation supérieure et le plaisir excitant.

Utiliser les bonnes techniques de massage tantrique

Vos mains doivent être humides et chaudes avant de commencer. Vous devez commencer à caresser le corps de votre partenaire du bout des doigts. Commencez par le dos de votre partenaire, puis passez aux épaules et aux bras. Dans la partie inférieure du corps, commencez par les fesses, puis passez aux cuisses et aux mollets de votre partenaire.

Utilisez des mouvements plus légers et, dans une certaine mesure, taquins et étendus. Grâce à l'évolution du corps et aux mouvements de votre partenaire, vous pouvez facilement sentir sa relaxation. Si vous êtes également vulnérable à la façon dont votre partenaire bouge, demandez-lui s'il est prêt.

Dans certaines situations, un homme est plus décontracté et plus à l'aise si sa partenaire se déshabille comme lui. Dans ce cas, demandez-lui toujours s'il ou elle veut que vous soyez déshabillé(e). Avec ce genre d'anticipation, vous aurez la capacité de maintenir votre connexion et vous permettrez à tous deux d'être rythmés.

Les caresses plus profondes doivent être effectuées avec la lourdeur de votre corps, et non avec la force de votre main. Vous pouvez également envisager d'utiliser des mouvements de glissement. Essayez de ne négliger aucune partie et de vous concentrer sur les parties du corps de votre partenaire qui vous excitent.

Surtout, si vous êtes sur le point de masser la zone génitale et que vous sentez une résistance de la part de votre partenaire, rapprochez-vous d'elle par la conversation. L'utilisation de votre autre main pour taquiner les autres parties du corps de votre partenaire l'aiderait probablement à se sentir plus à l'aise.

Apprenez l'art de vous tenir l'un l'autre

Assurez-vous de vous parler et de vous tenir l'un l'autre après un massage tantrique. Vous devez trouver le moyen d'apprécier la fin du massage avec votre partenaire. Pourquoi ? Parce que vous ne pouvez faire l'expérience de la véritable essence du massage tantrique que si vous appréciez tous les deux le toucher tantrique et l'intimité. Vous et votre partenaire devez être entièrement positifs à l'égard de l'expérience.

Gardez à l'esprit que le massage tantrique n'est pas obligatoire

Tout le monde n'est pas intéressé par le massage tantrique, car il est extrêmement difficile pour certaines personnes d'être excitées et proches. Vous ne devriez pas recommander ce type de massage sans tenir compte de différentes variables, c'est pourquoi vous devez toujours commencer par évaluer votre partenaire. Tenez compte de facteurs tels que la préférence sexuelle et le fait que la personne ait des problèmes de peau ou tout autre type de condition inflammatoire douloureuse qui pourrait rendre le massage inconfortable pour elle.

Vous devez respecter ces sept règles avant de vous lancer dans un massage tantrique. Dans le chapitre suivant, vous découvrirez les différentes techniques et stratégies que vous devez connaître pour profiter pleinement du massage tantrique.

Chapitre 4 : Techniques de massage tantrique pour pimenter votre vie amoureuse

De nombreuses personnes affirment que lorsque votre partenaire commence à vous tromper, cela ne signifie qu'une chose : vous avez perdu la main. L'intimité et l'énergie sexuelle ont disparu. Dans les chapitres précédents, il a été mentionné que le stress est l'un des principaux facteurs expliquant la perte d'intimité au fil du temps. Si vous rencontrez ces problèmes dans votre relation, les sept techniques générales décrites ci-dessous pourraient vous aider à relancer votre vie amoureuse.

Le coup de la compassion et de l'amour

Comme mentionné, le massage tantrique est l'une des approches les plus idéales pour soulager le stress, décharger les énergies sexuelles bloquées dans tout le corps, et donner une meilleure excitation sexuelle à votre partenaire. Le massage tantrique est également une méthode très satisfaisante pour aider un couple à faire preuve d'intimité et de connexion.

Il n'est pas nécessaire d'être un spécialiste du massage certifié ou autorisé pour offrir une expérience de massage tantrique extrême. L'élément le plus fondamental est le "besoin" de satisfaire votre partenaire. Voici quelques mouvements essentiels des mains que vous devez connaître.

Commencez par une technique de glissement arrière

Tout d'abord, vous avez besoin d'au moins de deux cuillères à soupe de l'huile ou de la lotion de votre choix. Versez la lotion ou l'huile sur vos mains et étalez-la bien. Ensuite, lorsque vous frottez l'huile ou la lotion dans vos mains, assurez-vous qu'elle est répartie uniformément dans les deux mains et que vos mains sont chaudes.

Placez ensuite vos deux mains sur le bas du dos de votre partenaire et faites-les glisser jusqu'à la région du cou. Effectuez ce mouvement de manière modérée et tendre.

Après avoir atteint la région du cou, faites glisser vos mains autour des épaules, puis des épaules vers les fesses, ensuite vers les organes génitaux.

La technique du glissement des mains

La deuxième étape consiste à commencer avec les deux mains parallèles et à les faire glisser de chaque côté de la colonne vertébrale de votre partenaire. Massez jusqu'au bas du dos de votre partenaire, puis sur les fesses.

Ensuite, vous devez déplacer vos deux mains (simultanément) le plus loin possible vers le cou de votre partenaire, puis vers ses épaules, ensuite vers ses bras jusqu'à ce que vous atteigniez le bout de ses doigts. Répétez chacun de ces mouvements six à sept fois.

Pendant la répétition, n'oubliez pas de demander à votre partenaire de vous donner son avis. Si ce n'est pas le cas, vérifiez s'il a l'air heureux et satisfait de ces mouvements.

N'oubliez pas qu'il est préférable de pratiquer le massage tantrique en douceur plutôt qu'en force, car il s'agit de donner le plus grand plaisir à votre partenaire et de ne pas rendre l'expérience douloureuse ou inconfortable pour lui.

Technique de la traction

Pour une autre méthode, vous pouvez essayer d'alterner une main après l'autre en la tirant vers le haut et en massant les côtés du corps de votre partenaire. Vous pouvez commencer par placer vos deux mains sur la hanche gauche de votre partenaire. À ce moment-là, tirez délicatement et facilement vers le haut, en direction de la colonne vertébrale de votre partenaire.

Ensuite, déplacez vos deux mains vers la tour de taille de votre partenaire. Puis, tirez à nouveau vers le haut en direction de la colonne vertébrale de votre partenaire. Une fois que c'est fait, amenez vos deux mains sur le côté de la poitrine de votre partenaire.

Remontez à nouveau vers la colonne vertébrale de votre partenaire. Enfin, placez vos deux mains sous les aisselles de votre partenaire, puis tirez à nouveau vers la colonne vertébrale. Répétez la technique, mais cette fois-ci en commençant par la hanche droite de votre partenaire.

Technique de pétrissage

Si vous avez déjà pétri de la pâte à pain, cette technique sera aussi simple que 1-2-3 pour vous. Si ce n'est pas le cas, suivez les étapes suivantes :

Tout d'abord, pressez l'arrière des cuisses et les fesses de votre partenaire entre le pouce et les doigts, d'une seule main, dans un mouvement fluide et sans à-coups. Vous devez vous rappeler que lorsque vous effectuez ces étapes, vous devez presser doucement et délicatement. Ne tapez pas.

Vous pouvez ensuite faire glisser vos deux mains vers une autre partie du dos de votre partenaire. Répétez toutes les étapes jusqu'à ce que vous sentiez que votre partenaire est "bien genouillé", en commençant par la région du cou jusqu'aux fesses.

Une règle empirique : lorsque vous travaillez sur les zones plus charnues du corps de votre partenaire, comme les fesses, vous pouvez essayer de les presser un peu plus fort car elles supportent une pression plus importante que les autres zones non charnues. À ce moment-là, vous devez écarter les fesses en douceur pendant que vous les "pétrissez".

Technique de la caresse en plume

Commencez en caressant le cou, puis les épaules jusqu'aux bras. Ensuite, revenez au bas du dos de votre partenaire, puis aux fesses. Ce faisant, veillez à utiliser l'extrémité de vos doigts pour effectuer des mouvements semblables à ceux d'une plume.

Effectuez cette étape pendant au moins six minutes. Une autre option consiste à essayer de gratter doucement avec vos ongles. Dans ce cas, veillez à ne pas blesser votre partenaire.

Vous pouvez effectuer ces étapes en utilisant un ou plusieurs des trois styles distincts :

a.) Mouvement circulaire

b.) Mouvement long et fluide

c.) D'un côté à l'autre.

Vous pouvez répéter ces styles autant de fois que vous le souhaitez, ce qui rend votre partenaire très réceptif à ce qui va guider.

Technique du coup de pied

Cette technique nécessite plus de crème ou d'huile. N'oubliez pas de mettre l'huile ou la lotion dans les deux mains avant de l'appliquer sur le corps de votre partenaire. Ne videz pas l'huile sur le corps de votre partenaire pour ensuite le masser. Vous devez d'abord réchauffer l'huile pour que votre partenaire ne soit pas choqué.

Lorsque vos mains sont chaudes et enduites d'huile ou de lotion, utilisez l'approche du glissement des mains sur la cuisse gauche de votre partenaire jusqu'au mollet.

Effectuez les étapes d'un mouvement tendre et modéré.

Remontez ensuite le long du mollet jusqu'à la cuisse et terminez par une caresse légère.

Répétez toutes les étapes mentionnées ci-dessus sur la cuisse droite. N'oubliez pas que vous devez appliquer cette méthode une section à la fois.

Les pieds sont l'une des principales régions érogènes et doivent faire l'objet de toutes les attentions.

Commencez par le pied droit. Vous avez encore de l'huile dans les mains et vous devez maintenant en recouvrir le pied de votre partenaire. Commencez par passer vos mains sur la cheville de votre partenaire, puis sur le talon et entre les orteils. Apres, utilisez votre paume pour glisser sur la partie inférieure du pied. Faites ce mouvement d'avant en arrière environ cinq fois. Ensuite, faites tourner chaque orteil en douceur, d'abord dans le sens des aiguilles d'une montre, puis dans le sens inverse. Enfin, glissez votre index entre chaque orteil, puis éloignez doucement chaque orteil du corps de votre partenaire (de la même manière qu'un expert le ferait lorsque vous vous rendez dans un salon de pédicure).

Technique du retournement du partenaire

Pour la dernière partie du massage tantrique, concentrez-vous sur le ventre de votre partenaire et sur la zone des seins. Comme pour les autres étapes du massage tantrique mentionnées ci-dessus, commencez par mettre beaucoup d'huile ou de crème dans vos deux mains.

Veillez à ce que l'huile ou la crème soit équitablement répartie et que les deux mains soient suffisamment chaudes pour entamer la dernière étape. Ensuite, placez vos deux mains sur le nombril de votre partenaire. Faites glisser vos deux mains progressivement vers le haut du ventre.

Arrêtez-vous deux secondes pour que votre partenaire anticipe votre prochain mouvement. Ne vous inquiétez pas, cela ne diminuera pas l'excitation qu'il pourrait ressentir.

Ensuite, faites glisser vos deux mains sur les seins de votre partenaire jusqu'à ce que vous atteigniez les mamelons. Déplacez vos mains une fois autour des mamelons, puis faites-les glisser jusqu'au nombril.

Essayez de prononcer des mots simples d'admiration tout en pratiquant cette technique incroyablement intimidante. Réalisez les étapes ci-dessus environ six fois.

N'oubliez pas que vous devez faire preuve d'une grande délicatesse lorsque vous pratiquez cette technique avec les seins féminins, car ils ne sont pas aussi fermes que ceux des hommes. C'est pourquoi la poitrine masculine supporte mieux la technique de massage, tandis que la technique du trait de plume convient mieux à la poitrine féminine.

L'utilisation de ces sept techniques étonnantes serait très bénéfique pour votre partenaire et contribuerait à augmenter l'excitation sexuelle et l'énergie lors des rapports sexuels.

Chapitre 5 : Autres points importants concernant le massage tantrique

Vous connaissez maintenant les informations générales et les techniques éprouvées pour utiliser et apprécier le massage tantrique. Cependant, il y a d'autres choses que vous devez apprendre.

La chose la plus importante à retenir est que le massage tantrique diffère du sexe tantrique. Lors d'un massage tantrique, il ne faut pas avoir de rapports sexuels, ce qui est l'étiquette la plus importante. Vous devez toujours vous rappeler que le massage tantrique est une relaxation sensuelle qui aidera à augmenter la libido naturelle d'une personne et à améliorer la connexion avec son partenaire. N'utilisez pas le massage tantrique comme une astuce ou une excuse stupide pour avoir des relations sexuelles avec votre partenaire. Ce n'est pas l'objectif principal de ce type de massage.

Le massage tantrique ne soutient pas et ne soutiendra pas le masochisme, le sadisme ou toute autre forme d'abus sexuel. Même si certaines personnes pensent que le massage tantrique est excitant et plein d'aventures, il ne doit pas violer les droits d'un être humain. Cela signifie qu'il ne faut pas mettre votre partenaire sous pression pour lui faire vivre une expérience de massage tantrique. Le respect devrait toujours primer entre vous deux.

Lorsque vous choisissez l'huile ou la lotion que vous utiliserez lors d'une séance de massage tantrique, veillez à l'essayer d'abord sur votre propre peau. Toutes les huiles ou lotions ne conviennent pas à votre peau ou à celle de votre partenaire. L'huile est préférable à la crème lors d'un massage tantrique car elle augmente mieux la température du corps. Comme il vous faudra parfois masser la zone génitale, n'oubliez pas de toujours vérifier l'étiquette de l'huile que vous utilisez. Veillez à n'utiliser que des huiles 100 % naturelles ou biologiques. Vous pouvez utiliser de l'huile de pépins de raisin car elle n'irrite pas la zone génitale féminine. Vous pouvez également utiliser de l'huile de bois de santal pour augmenter encore plus la libido.

Si vous voulez exciter votre partenaire, essayez de vous asseoir sur ses fesses pendant le massage.

Pendant que vous massez une partie du corps de votre partenaire, essayez de lui dire des choses aguicheuses comme "Qu'est-ce que ça fait de faire ça ?" pour l'exciter davantage et rendre la première rencontre encore plus mémorable.

Dans certains cas, votre partenaire ne veut pas seulement des techniques de caresses plus douces, vous devez donc lui demander avant de commencer la séance de massage tantrique.

Après avoir terminé l'incroyable séance de massage tantrique, prenez un bain ensemble. Vous pouvez aider votre partenaire à éliminer le reste des huiles de son corps d'une manière intime qui pourrait l'inciter à s'amuser sous la douche.

Lorsque vous massez la zone génitale, en particulier chez les femmes, lorsque vous commencez à masser (en utilisant la technique de la caresse digitale), n'oubliez pas de localiser le point G pour un plaisir orgasmique complet.

Ce sont les points les plus importants que vous devez toujours vérifier avant d'effectuer un massage tantrique sur votre partenaire. Le plus important est d'y aller doucement et de prendre son temps pour donner à votre partenaire le plaisir ultime, car lorsque la séance de massage tantrique sera terminée, les séquelles de cette séance de massage seront visibles pour vous. Votre partenaire aurait atteint le plaisir ultime dont il avait besoin. N'hésitez pas à être lent ; plus la séance est lente, plus elle est agréable. Appréciez le massage, et appréciez votre partenaire.

Chapitre 6 : Massage Lingam

Le massage tantrique consiste à faire confiance à son partenaire et à profiter d'une expérience agréable. Rien n'est plus intime que les massages lingam et yoni. Plus précisément, ces massages se concentrent sur les zones génitales de l'homme et de la femme. Bien qu'il faille un certain temps avant d'atteindre un tel niveau d'intimité et d'intensité des sensations, il s'agit de l'une des expériences les plus merveilleuses qu'une personne puisse partager avec une autre.

Ces massages n'ont pas pour objectif d'amener les partenaires à l'orgasme, bien que cela puisse se produire effectivement. Il s'agit plutôt d'une relaxation totale qui fait partie de la progression lente mais satisfaisante du massage tantrique et du sexe.

Le Tantra considère les hommes et les femmes comme des êtres divins - dieux ainsi que déesses - et le corps comme un temple à respecter et à vénérer. Le massage tantrique et le sexe ne concernent donc pas seulement le sexe - la performance et l'action - mais aussi le style de vie, le respect et l'amour de soi ainsi que de son partenaire. Le sexe n'est qu'une autre forme d'énergie, une énergie sacrée de surcroît, c'est pourquoi vous devrez peut-être changer votre attitude à l'égard du sexe et de l'amour.

Se considérer comme un dieu ou une déesse peut sembler fantaisiste au premier abord, mais c'est un bon moyen de renforcer l'estime de soi et la confiance, en plus vous aurez confiance en vous, afin d'être détendu(e) et heureux(se). Cela vous rendra plus réceptif à l'amour et plus aventureux en matière de sexe. Les techniques de massage du lingam et du yoni pouvaient y contribuer, c'est pourquoi vous devriez les essayer lorsque vous serez plus familiarisée avec les techniques de massage tantrique.

Les bienfaits du massage Lingam

Le massage Lingam est un massage spécifique pour les hommes. Dans le tantra, le lingam est le nom du pénis. Il vient du sanskrit et signifie "baguette de lumière". Comme pour les autres massages, on utilise de l'huile, et vous pouvez utiliser une huile comestible telle que l'huile de coco ou d'olive, surtout si le massage est susceptible de déboucher sur des rapports sexuels. Bien que le massage tantrique n'entraîne pas nécessairement des rapports sexuels, il arrive souvent qu'un massage du lingam ou du yoni en entraîne d'autres.

Le massage lingam n'est pas quelque chose que l'on peut imposer à un partenaire, car pour tirer le meilleur parti de l'expérience, il faut qu'il soit totalement détendu, réceptif et confiant. Ce processus peut prendre un certain temps et, de fait, de nombreux couples n'atteignent jamais ce niveau d'intimité et de confiance l'un envers l'autre. Cependant, en suivant les enseignements du tantra, vous pourriez atteindre un état de joie et d'intimité profonde qui vous permettrait d'envisager l'expérience d'un massage au lingam.

Les principaux avantages du massage du lingam : il vous permettrait de mieux connaître votre corps et vous aiderait à améliorer et à contrôler vos pulsions sexuelles. Ainsi, si vous ou votre partenaire souffrez d'éjaculation précoce, le massage du lingam vous aiderait à prolonger l'activité sexuelle afin que vous puissiez tous deux profiter au maximum de l'expérience.

Le massage du lingam augmenterait et améliorerait également la circulation de l'oxygène et du sang dans la région pelvienne en général et dans le lingam en particulier. Cela signifie qu'une personne souffrant de troubles de l'érection est susceptible de constater une nette amélioration de ses performances sexuelles après avoir bénéficié d'un massage du lingam. Cela pourrait prendre un certain temps avant de récupérer tous les bénéfices de l'expérience, mais cela se produira.

Pendant le massage du lingam, le masseur se retire et attend que l'homme semble proche de l'orgasme. Lorsque l'orgasme se dissipe, le massage se poursuit. Cette thérapie aide l'homme à contrôler ses pulsions sexuelles afin que lui et sa partenaire puissent profiter d'une expérience plus intense, plus satisfaisante et plus longue lorsqu'ils font l'amour, que ce soit après le massage ou à un autre moment.

Comme le massage du lingam stimule la circulation dans tout le corps, et pas seulement dans la région génitale, les hommes constatent souvent qu'ils ont plus d'énergie et qu'ils sont moins susceptibles à la dépression ou à l'apathie. En effet, l'augmentation de l'apport sanguin aux organes, en particulier au cerveau, favorise la relaxation et le niveau d'énergie. Le stress est minimisé et l'homme éprouve un sentiment accru de bien-être et d'estime de soi, qui s'étend de sa vie intime à tous les domaines de son existence.

Comment faire un massage au lingam

Le massage du lingam ne consiste pas simplement à caresser et à masser le pénis. Il s'agit là d'une simple branlette qui va à l'encontre de l'objectif tantrique du massage du lingam, qui est de conditionner le psychisme sexuel de l'homme de sorte que l'orgasme soit un sous-produit agréable de l'amour plutôt que son objectif ultime. Il s'agit de rendre l'homme plus empathique à l'égard de sa partenaire sexuelle en lui faisant comprendre comment fonctionne son énergie sexuelle et comment la contrôler et la canaliser pour le bénéfice de tous deux.

Le massage concerne le pénis, les testicules, le périnée et le point sacré de l'homme, la prostate. Le massage du lingam est entièrement externe et n'implique aucune pénétration du receveur. Cependant, comme il s'agit d'un massage vraiment intime et profondément personnel, il doit y avoir une confiance totale entre vous deux.

Le Tantra consiste à respecter et à aimer son corps et son partenaire. Par conséquent, avant de commencer un massage au lingam, assurez-vous d'avoir l'autorisation de votre partenaire. Faites preuve de respect en demandant formellement si vous pouvez toucher le lingam, même si vous êtes partenaires sexuels depuis longtemps. Dans le massage tantrique, le rituel est important, et demander la permission de toucher les parties les plus intimes du corps de votre partenaire est un rituel à ne pas manquer. Il permet à votre partenaire de se détendre et de s'abandonner à vous en sachant que vous le respecterez, son corps et lui-même

Vous devez également être détendu. Avant de commencer le massage, respirez profondément et encouragez votre partenaire à se joindre à vous. Votre partenaire doit être confortablement allongé sur le dos, les genoux pliés et les jambes écartées, afin de vous permettre d'accéder librement au lingam et à la zone environnante. Utilisez des oreillers et des serviettes roulées pour le mettre à l'aise et lui permettre de vous regarder pendant que vous travaillez.

Lorsque vous êtes tous deux prêts, détendez-le davantage en massant doucement ses cuisses, sa poitrine et son abdomen avant de vous concentrer sur le lingam. Utilisez un peu d'huile sur la tige du lingam et les testicules, et commencez par un massage doux autour des testicules. N'oubliez pas que cette zone est très sensible, alors n'appliquez pas trop de pression. Vous voulez que votre partenaire éprouve du plaisir à la suite du massage, et non une douleur soudaine, qui pourrait gâcher l'ambiance et détourner votre partenaire de l'idée d'un massage du lingam à l'avenir.

Un massage en douceur du scrotum favorise la relaxation et permettrait d'exposer davantage la zone génitale à vos soins. Lorsque le scrotum se contracte, les testicules sont enfoncés plus profondément dans le corps et ne sont plus aussi accessibles. Déplacez-vous vers la zone de l'os pubien au-dessus du lingam avant de vous diriger vers le périnée. Il s'agit de la petite "couture" de peau qui va de la base des testicules à l'anus.

Il est maintenant temps de se concentrer sur le lingam lui-même. En commençant par la main droite, pressez doucement et faites glisser votre main vers le haut et le bas de l'extrémité du lingam. Faites de même avec la main gauche et alternez entre les deux mains. Au bout d'un moment, changez de direction et commencez par la tête du lingam pour aller vers la base, toujours en alternant les mains.

Variez le rythme, car une caresse rythmée peut amener votre partenaire à l'éjaculation, ce qui n'est pas l'objectif du massage. Pour bien doser les caresses, imaginez que vous utilisez un presse-agrume et que vous tournez le fruit dans différentes directions pour en extraire le maximum de jus. C'est la même chose, mais vous extrayez cette fois du plaisir, pas du jus d'orange ! Si votre partenaire semble proche de l'orgasme, cessez doucement vos soins et reculez jusqu'à ce que l'orgasme s'estompe.

Vous devez également prêter attention au point sacré. Il s'agit d'une petite bosse de la taille d'un poids de jardin, située à peu près à mi-chemin entre les testicules et l'anus. L'emplacement et la taille varient d'un homme à l'autre, il peut donc falloir un certain temps pour le trouver. Lorsque vous l'aurez trouvée, exercez une légère pression. Votre partenaire éprouvera des sensations au plus profond de lui, parfois si intenses qu'il en sera d'abord mal à l'aise. Si c'est le cas, ecartez-vous un moment et essayez à nouveau lors de la prochaine séance de massage. Au fur et à mesure qu'il s'habituera au massage du point sacré, les sensations deviendraient plus agréables et l'aideraient à contrôler ses éjaculations, ce qui vous procurerait à tous deux d'un plaisir plus grand et plus prolongé.

En fait, cette partie du massage entraînerait votre partenaire à séparer l'orgasme de l'éjaculation afin qu'il puisse avoir des orgasmes multiples sans expulser de liquide séminal. De nombreuses personnes pensent qu'il s'agit là d'une manière plus saine et plus agréable de faire l'amour, car l'éjaculation fréquente peut avoir un effet affaiblissant sur l'homme. Toutefois, il faut un certain temps pour s'habituer à cette théorie, car l'éthique occidentale tend à considérer l'éjaculation comme la finalité de l'acte sexuel. Si elle n'est pas atteinte à chaque fois, c'est le reflet des capacités de l'homme en tant qu'amant. Le Tantra enseigne que ce n'est pas le cas.

Vous remarquerez peut-être que le lingam varie entre dureté et flaccidité pendant le massage. C'est tout à fait normal et ce n'est pas un signe que votre partenaire n'est pas pleinement engagé dans l'expérience ou qu'il ne l'apprécie pas. Au contraire, certains experts tantriques comparent cette sensation aux vagues de plaisir et au passage d'un bout à l'autre du spectre du plaisir, de sorte que l'alternance de la dureté et de la souplesse est un signe que vous êtes sur la bonne voie ! Continuez aussi longtemps afin que vous et votre partenaire vous sentiez heureux et détendus. Vous pouvez souhaiter continuer jusqu'à ce qu'il ait un orgasme - c'est une décision qui vous appartient en tant que couple. Faites ce qui vous semble bon à ce moment-là.

Le massage Lingam peut engendrer des sensations physiques et émotionnelles très intenses. Il est donc important qu'à la fin du massage, votre partenaire se reposera pendant au moins cinq à dix minutes, ou aussi longtemps qu'il en a besoin. Couvrez-le légèrement avec un drap ou une serviette pour qu'il n'ait pas froid. Le lingam compte plus de terminaisons nerveuses que toute autre partie du corps, et vous venez de stimuler la plupart d'entre elles et de provoquer des sensations intenses. Il a besoin d'un temps de calme pour "redescendre" de cette expérience.

Massage direct des points sacrés

Alors que le massage du lingam est purement externe, certains hommes apprécient l'expérience plus intense et plus intime d'un massage interne du point sacré. Évidemment, cela signifie que les doigts du masseur doivent pénétrer dans l'anus, laissant l'homme exposé dans son intimité la plus profonde. Dans le tantra, le point sacré, ou prostate, est au centre de la sensualité de l'homme, et la stimulation de cette zone libère le stress émotionnel et physique, ce qui accroît le sentiment de bien-être et de bonheur.

Il est dans la nature de l'homme de contrôler, en particulier dans les situations intimes, et lorsqu'il abandonne ce contrôle à sa partenaire, c'est un grand compliment et une mesure de l'harmonie qu'ils partagent. Le masseur se sentira privilégié qu'il ait fait preuve d'une telle confiance, ce qui devrait être une expérience agréable et libératrice pour les deux.

Dans certaines cultures, tout ce qui concerne la zone anale est tabou, mais dans le tantra, le massage de la prostate est considéré comme l'une des choses les plus généreuses et les plus saines que vous puissiez faire pour votre partenaire. Toutefois, vous devez être bien préparé et disposer de tout l'équipement nécessaire pour réduire le risque de blessure ou de traumatisme et faire en sorte que l'expérience soit agréable et relaxante pour tous les deux.

Des gants en latex bien ajustés sont indispensables, de même qu'un bon lubrifiant à base d'eau. Les gants protègent l'anus des griffures des ongles et lorsque le latex est bien lubrifié, il glisse plus facilement sur la peau. Cela signifie qu'il est plus facile pour le donneur de massage d'effectuer le massage et que celui-ci est plus confortable et plus agréable pour le receveur.

Le massage tantrique ne doit jamais être précipité, mais c'est encore plus important lorsqu'il s'agit d'un massage anal. Détendez votre partenaire en massant doucement la région abdominale et le lingam, et maintenez le contact visuel. Pour ce massage, le receveur doit être détendu et excité, ce qui permet au doigt du donneur d'accéder librement à l'anus.

Il convient de noter qu'il n'y a jamais trop de lubrifiant. Il est préférable d'utiliser un lubrifiant à base d'eau, qui n'est pas aussi salissant et collant que les produits à base de silicone. En outre, la peau autour de la zone anale peut être très sensible, et les lubrifiants à base d'eau sont moins susceptibles de provoquer une réaction allergique.

Appliquez doucement le lubrifiant sur toute la zone anale, et pas seulement à l'entrée. Au fur et à mesure que vous travaillez sur votre partenaire et qu'il devient plus excité, les muscles du sphincter se détendent et vous constaterez que votre doigt est naturellement attiré vers l'intérieur. Si vous prenez votre temps, il ne sera pas nécessaire de forcer l'entrée - en fait, vous ne devriez jamais essayer d'enfoncer votre doigt dans l'anus. Laissez-le entrer en travaillant avec votre partenaire et son corps.

Une fois le doigt accueilli dans le corps du receveur, laissez le rectum s'y habituer avant de le déplacer, et ne le retirez jamais pour une autre raison que celle d'appliquer plus de lubrifiant. Toutefois, vous pouvez faire entrer et sortir légèrement le doigt, sans le retirer, pour stimuler les nerfs rectaux. Une fois que le receveur est à l'aise, vous pouvez localiser la prostate à environ deux pouces dans le rectum et commencer à la stimuler.

Contrairement au massage du lingam, le massage du point sacré entraîne l'éjaculation. La manière d'y parvenir dépend entièrement de votre partenaire et de vous. Vous pouvez stimuler la prostate d'une main tout en masturbant le lingam de l'autre, ou votre partenaire peut fellationner le lingam pendant que vous vous concentrez sur le point sacré. Certains hommes préfèrent que toute la stimulation soit concentrée sur la prostate, afin qu'elle libère lentement et naturellement du liquide sans que personne ne touche le lingam. Ce qui fonctionne pour vous est ce qui vous convient le mieux - il n'y a pas de véritable règle, si ce n'est que vous devez tous deux apprécier l'expérience.

La position pour ce massage est également une question de préférence. Le face-à-face permet de maintenir un contact visuel, ce qui accroît le plaisir. En revanche, si l'homme est à quatre pattes, le donneur de massage a une meilleure vue de l'anus et des organes génitaux et peut effectuer le massage sous un angle différent. Là encore, la préférence personnelle doit être le facteur décisif.

Après un massage au lingam et/ou au point sacré, le donneur et le receveur doivent être détendus et heureux parce qu'ils se sont fait mutuellement confiance, ont contribué à dissiper le stress physique et mental et ont profité d'une communication intime à son niveau le plus profond. Le massage au lingam permet au donneur et au receveur d'être plus à l'écoute des besoins de l'autre et d'acquérir une meilleure connaissance de leur corps.

Il devrait faire partie intégrante de votre rituel de massage tantrique, à condition que vous soyez tous deux à l'aise avec le niveau plus profond d'intimité et de connexion que ce type de massage requiert et génère. Préparez-vous à éprouver des sensations physiques et émotionnelles d'une profondeur que vous n'avez jamais connue. Ensuite, rendez le service à votre partenaire en lui offrant un massage du yoni. Toutefois, il s'agit là d'un autre jour - effectuer les deux massages au cours de la même séance nuira à l'expérience pour vous deux, aussi ne faites jamais qu'un lingam ou qu'un yoni. Le donneur pourrait alors envisager son propre plaisir lors de la prochaine occasion.

Chapitre 7 : Le massage Yoni

Le mot sanskrit yoni - qui signifie "point sacré" ou "temple sacré" - est le terme tantrique qui désigne le vagin de la femme. Dans la culture occidentale, ce terme peut être la source de plaisanteries grossières et d'un manque de respect, mais dans le tantra, le yoni et la femme à laquelle il appartient sont toujours traités avec amour et respect. C'est souvent l'une des choses les plus difficiles à comprendre pour les hommes qui découvrent le massage tantrique, et tant qu'ils n'ont pas adopté ce concept, toute tentative de massage du yoni est vouée à l'échec.

Le massage yoni peut aider les femmes à être plus à l'écoute de leur corps et aider la donneuse à mieux comprendre sa sexualité et ce qui provoque l'excitation. Le massage yoni est si puissant et libérateur que les sexologues et autres professionnels le suggèrent souvent pour aider les femmes à surmonter des traumatismes sexuels profondément ancrés, à se débarrasser de leurs inhibitions et à jouir d'une vie sexuelle épanouie, même après de nombreuses années de relations sexuelles moins que parfaites, voire d'absence de relations sexuelles.

Comment donner un massage Yoni

Comme pour un massage lingam, ou tout autre massage tantrique, les deux partenaires doivent être détendus avant le début du massage. Une respiration correcte pendant un massage du yoni est vitale, aussi les deux partenaires doivent-ils prendre le temps de respirer profondément et de se détendre avant de commencer.

La femme doit s'allonger sur le dos, les genoux surélevés et des oreillers sous sa tête et ses hanches afin que son partenaire et elle, puissent avoir une bonne vue l'un sur l'autre et sur le yoni. Détendez votre partenaire en massant doucement le reste de son corps, en gardant le contact visuel pendant que vous travaillez, mais en limitant la conversation au strict minimum afin de profiter de l'expérience sans distraction. De temps en temps - mais pas trop souvent - demandez-lui comment elle se sent, et elle peut vous demander d'augmenter ou de diminuer la pression et la vitesse des caresses. D'une manière générale, vous devez vous concentrer sur le plaisir que vous procurez à votre partenaire avec vos mains et la voir s'ouvrir aux sensations et à la sensualité.

Comme pour le massage du lingam, vous devez lui demander la permission avant de toucher la zone du yoni. N'oubliez pas qu'il s'agit d'un lieu sacré qui doit être traité avec respect à tout moment. Ne la touchez qu'après sa permission, même si vous êtes amants depuis longtemps. Le massage du yoni doit lui donner l'impression d'être une déesse à l'écoute de sa sensualité et de son corps plutôt qu'un objet de désir sexuel. En lui demandant la permission de toucher sa yoni, vous affirmez que vous la considérez comme une déesse à vénérer et à satisfaire, sans penser à vos propres désirs.

Lorsque vous êtes tous deux prêts à commencer le massage du yoni, versez un peu d'huile sur le monticule et laissez-la couler le long des lèvres labiales et sur le clitoris. Commencez ensuite en saisissant légèrement les lèvres extérieures entre le pouce et l'index et travaillez sur leur longueur, en les massant au fur et à mesure. Faites de même avec les lèvres vaginales intérieures, et prenez votre temps, même si votre partenaire se cambre vers vous, en vous suppliant d'en faire de plus. L'orgasme n'est pas l'objectif final, même s'il sera un accompagnement agréable et bienvenu du plat principal du massage s'il se produit. Pour l'instant, concentrez-vous sur l'exploration du yoni et sur la libération de ces sensations intenses et inconnues.

On commet souvent l'erreur de concentrer la stimulation vaginale sur le clitoris. Bien que cela soit agréable, il existe de nombreuses autres sensations cachées à explorer et à libérer, ce qui devrait être l'objectif d'un massage du yoni réussi. Prenez donc votre temps, regardez votre partenaire dans les yeux et appréciez son plaisir pendant que vous explorez les recoins les plus profonds de sa sexualité et de sa sensualité. Vous constateriez que l'observation de son plaisir vous procurerait également du plaisir, aussi attendez-vous à ce que le massage dure longtemps. Il n'est pas rare qu'un massage yoni dure de deux à trois heures.

Lorsque vous atteignez le clitoris, n'oubliez pas que votre objectif est de détendre votre partenaire et non de l'amener à l'orgasme. Le clitoris compte entre 6 000 et 8 000 terminaisons nerveuses dans ce petit point, et le seul objectif de cette glande est de donner du plaisir. Vous devrez peut-être vous rappeler que l'objectif du massage clitoridien est d'accroître le plaisir, et non de donner un orgasme à votre partenaire. Si elle semble se rapprocher de l'orgasme, encouragez-la à ralentir sa respiration et respirez avec elle pour l'aider à se détendre. Vous ne voulez pas qu'elle fasse de l'hyperventilation, car cela gâcherait l'ambiance détendue que vous vous êtes efforcé de créer.

Caressez doucement le clitoris et faites-en le tour avec vos doigts, puis pincez-le et faites-le rouler entre vos pouces. Pendant ce temps, vous pouvez insérer un doigt dans le vagin et le déplacer doucement. Ne vous contentez pas de faire entrer et sortir votre doigt - explorez chaque centimètre du yoni dans toutes les directions. Apprenez à la connaître et aidez votre partenaire à se détendre. Faites des mouvements lents et doux pour augmenter son plaisir.

Lorsque vous êtes tous deux prêts et que vous sentez qu'elle est dans un état d'excitation accru, massez son point guttural en croisant votre doigt vers l'os pubien à l'intérieur de son yoni en utilisant le majeur, car la longueur supplémentaire sera utile pour localiser le point guttural. Si elle est à l'aise, insérez également l'annulaire tout en continuant à masser le clitoris avec le pouce.

Si elle est d'accord, vous pouvez également introduire un doigt dans son anus. Le Tantra considère que les émotions négatives pourraient être libérées par un massage doux de la zone anale, et que cela pourrait également être une expérience agréable pour un homme ou une femme, réceptif(ve). Là encore, il n'y a pas d'autres règles que celles que vous vous fixez. Les massages du yoni et du lingam peuvent faciliter la libération d'émotions intenses, et le receveur pourrait pleurer ou même crier pour parvenir à cette libération. Ce n'est pas une mauvaise chose, mais, en particulier lors d'un massage anal, vous voudriez peut-être vérifier qu'elle ne souffre pas. Si c'est le cas, arrêtez-vous tout de suite.

Si ses émotions sont si intenses qu'elle pleure, il est peut-être préférable d'arrêter pendant un certain temps, à moins qu'elle ne vous demande expressément de continuer. N'oubliez pas que le but du massage du yoni est de rendre tout ce qui est agréable à votre partenaire, alors laissez-vous guider par ses souhaits et ses désirs, et travaillez lentement et doucement pour l'amener à l'épanouissement. Une fois le massage terminé, laissez-la se reposer et gardez-la au chaud. Elle souhaiterait peut-être que vous la teniez et la câliniez pendant qu'elle redescend de l'euphorie du massage de la yoni. N'oubliez pas d'être respectueux et de vous éloigner d'elle doucement et lentement.

Si votre partenaire apprécie le massage du yoni, elle peut également apprécier une variante réalisée en position allongée sur le ventre. Ce massage peut également être utilisé sur les femmes qui ne sont pas prêtes pour le massage complet du yoni. Il reste sensuel et il y a toujours un contact avec la zone génitale.

Massage féminin par l'arrière

Bien qu'il soit bon de maintenir un contact visuel pendant un massage tantrique, de nombreux praticiens s'accordent à dire qu'effectuer un massage avec la femme allongée sur le ventre peut être une expérience très sensuelle et gratifiante. En effet, les femmes sont conçues pour être pénétrées par l'arrière, et elles ressentent davantage de sensations autour des lèvres et à l'intérieur des cuisses dans cette position. La position missionnaire, si populaire, est une invention de l'homme et non de la nature.

Toutes les règles habituelles s'appliquent : assurez-vous que vous êtes tous deux détendus et à l'aise, mettez de l'ambiance avec de la musique et des bougies, et utilisez beaucoup d'huile au parfum agréable. N'oubliez pas de protéger le lit avec des serviettes et de pratiquer une respiration profonde avant de commencer le massage.

Comme il s'agit d'un massage sensuel et thérapeutique, puisqu'il concerne le dos, les épaules et la nuque, votre partenaire sera détendu et sexuellement excité. Dans ce massage, vous pouvez souhaiter l'amener à l'orgasme ou même l'aider à obtenir des orgasmes multiples. Les techniques sont légèrement différentes et le rythme du massage est susceptible d'augmenter au fur et à mesure que l'excitation monte. A titre d'exemple sur votre partenaire - lisez son corps et détectez les signaux qu'elle vous envoie.

Le massage sensuel par l'arrière se concentre sur les fesses, les cuisses et la zone génitale, ce qui favorise l'anticipation. Dans un premier temps, le massage s'effectue autour des fesses par des mouvements circulaires avant de faire de longs mouvements des fesses vers les cuisses. En avançant vers l'intérieur des cuisses, vous effleurerez presque les lèvres labiales lorsque votre main se déplacera le long de l'intérieur de la cuisse.

Avant de travailler sur la zone génitale, caressez légèrement votre main depuis le bouton de rose - terme tantrique désignant l'anus - jusqu'aux lèvres labiales externes et inversement plusieurs fois sans pénétrer ni l'anus ni le vagin. Laissez votre main glisser plutôt que d'exercer une quelconque pression. N'oubliez pas que cette zone est particulièrement sensible au toucher lorsqu'elle est approchée par l'arrière.

Vous êtes maintenant prêt à passer au massage de la zone génitale. Écartez les jambes de votre partenaire, mais pas trop, puis saisissez délicatement les lèvres labiales externes et massez-les, en tirant doucement avec vos doigts et en les faisant rouler dans vos mains. À ce stade, votre partenaire devrait être très excitée et pourrait même instinctivement pousser ses fesses en l'air pour les rendre plus facilement accessibles à vos soins. C'est le moment de masser doucement son clitoris, en utilisant un ou deux doigts de votre main droite.

Observez l'ouverture du vagin. Vous verrez qu'il est humide et qu'il semble s'ouvrir plus largement lorsque vous travaillez sur le clitoris. Vous pouvez maintenant insérer un ou plusieurs doigts dans le vagin et caresser les parois internes. Augmentez les sensations en caressant depuis le clitoris à l'anus en passant par le vagin et, si votre partenaire le souhaite, pénétrez doucement dans l'anus en faisant circuler votre doigt autour. Utilisez des gants en latex pour plus de confort, avec un lubrifiant à base d'eau pour que votre main glisse facilement sur la peau et pour faciliter la pénétration. Si elle est très excitée - ce qui devrait être le cas à ce stade -

vous constaterez peut-être qu'elle aspire presque naturellement votre doigt dans son anus.

Ce type de massage sensuel, effectué avec amour et respect pour votre partenaire, devrait lui permettre de se détendre totalement et d'avoir de nombreux orgasmes intenses. Là encore, laissez-lui le temps de se reposer et de se remettre de l'intensité de l'expérience pendant au moins 10 minutes. Vous devez être détendu et heureux à la fin du massage.

Chapitre 8 : Massage mutuel sensuel

Jusqu'à présent, les massages évoqués et décrits concernaient un partenaire qui donnait et l'autre qui recevait, les efforts du donneur étant centrés uniquement sur le plaisir du receveur. Cependant, il est possible de pratiquer un massage sensuel mutuel, visant à ce que chaque partenaire donne et reçoive du plaisir.

Il ne s'agit pas d'une masturbation mutuelle sous un autre nom car, comme pour le massage tantrique classique, vous mettrez en place un décor avec de la musique, des bougies, une pièce à la bonne température et des huiles de massage agréablement parfumées. Vous aurez également besoin de gants en latex et de lubrifiant si vous intégrez l'activité anale dans le massage. Tous ces éléments doivent être à portée de main afin que vous n'ayez pas à interrompre le massage ou à quitter votre position confortable pour accéder à ce dont vous avez besoin.

Vous devez assurer la relaxation et la connexion mutuelles en pratiquant la respiration avant le début du massage. Au début, caressez-vous et massez-vous l'un l'autre, mais ne vous dirigez pas directement vers les parties génitales. Comme nous l'avons dit, il ne s'agit pas de masturbation mutuelle, mais de massage sensuel mutuel. Il s'agit d'un massage sensuel mutuel, et il existe de nombreuses différences entre les deux. Le massage sensuel se fait progressivement montant le niveau d'anticipation et de désir sur une période d'au moins 15 minutes, voire plus.

Lorsque vous vous sentez suffisamment excité, passez à la zone génitale et effectuez un massage lingam ou yoni sur votre partenaire. Votre position de massage doit être telle que vous puissiez le faire sans gêne ni inconfort. Vous pouvez sauter la partie échauffement puisque vous l'avez déjà faite, mais vous devez maintenir le contact visuel pour approfondir le sentiment d'intimité et susciter le désir et l'anticipation.

Procédez au massage du lingam ou du yoni. Si votre partenaire est du même sexe, vous effectuerez chacun le massage approprié. Les techniques de chaque massage ont été expliquées en détail dans les chapitres 6 et 7. Vous pouvez les relire pour vous rafraîchir la mémoire.

Décidez avant de commencer si le partenaire masculin a plusieurs orgasmes ou un seul. Cette question ne se pose pas pour la femme, car elle est capable d'avoir plusieurs orgasmes à tout moment. L'homme, cependant, doit s'y entraîner et sa partenaire peut l'aider à contrôler ce phénomène en relâchant sa prise sur le lingam s'il se sent proche et en l'encourageant à faire des exercices de respiration jusqu'à ce que la sensation s'estompe.

Le tantra comporte plusieurs exercices de respiration qui puissent être utilisés pour faire face à toutes les situations que l'on peut s'attendre à rencontrer au cours d'un massage. Certains exercices de respiration sont conçus pour améliorer votre santé en stimulant la circulation et en apportant plus de sang et d'oxygène à vos organes et à vos tissus. Il y a aussi des exercices de respiration pour faire monter la température si vous avez du mal à répondre aux caresses de votre partenaire - cela pourrait arriver ! Enfin, certains exercices de respiration vous aideraient à vous "calmer" et à vous éloigner de l'orgasme pour vous permettre de vous reposer, de récupérer et de recommencer. Au moins un de ces exercices de respiration vous aiderait à surmonter le choc ou même la gêne.

Lorsque vous êtes totalement dans le moment et excités, vous pouvez, si vous le souhaitez, augmenter les sensations en effectuant un massage mutuel de vos deux anus tout en continuant simultanément les massages du lingam et du yoni. Mettez vos gants, lubrifiez l'index ou le majeur avec une bonne quantité de lubrifiant à base d'eau, puis appliquez plus de lubrifiant sur l'ouverture de l'anus. Si votre partenaire est suffisamment excité, vous constaterez que son anus s'ouvre presque comme une fleur pour recevoir votre doigt. Dans le Tantra, l'anus est appelé le bouton de rose !

Au début, laissez votre doigt explorer l'ouverture anale sans le faire entrer et sortir. Déplacez-vous doucement autour des parois du rectum, en laissant à votre partenaire le temps de s'habituer aux sensations. Une fois que vous êtes tous deux à l'aise, reprenez le massage génital et profitez de l'intensification des sensations que la stimulation mutuelle de l'anus et des organes génitaux pourrait apporter. En prime, chacun de vous pourra sentir les contractions anales de l'autre pendant que vos doigts opèrent leur magie, ce qui peut être très excitant pour tous deux.

L'anus comportant des milliers de terminaisons nerveuses, la stimulation peut améliorer et intensifier l'expérience orgasmique et ouvrir le corps au plaisir de multiples façons. Bien que tout le monde ne soit pas à l'aise avec le massage anal interne, il pourrait s'agir d'une expérience intensément satisfaisante et libératrice, en particulier entre des amants qui connaissent bien leur corps respectif.

L'ouverture complète de l'anus pour recevoir du plaisir et libérer l'énergie négative est connue sous le nom d'"éveil de la racine" dans le tantra. Pour y parvenir correctement et en toute sécurité, et pour contrôler l'éjaculation afin que les hommes puissent avoir des orgasmes multiples, il est nécessaire de préparer la zone à l'aide d'exercices appropriés. Le prochain chapitre traitera des types d'exercices qui puissent être effectués pour améliorer l'expérience du massage tantrique, tant pour les hommes que pour les femmes.

Chapitre 9 : Exercices pour augmenter votre plaisir pendant les massages et le sexe tantriques

Suivre les enseignements du tantra, ce n'est pas seulement vivre de grandes expériences sensuelles grâce au massage et au sexe tantrique, même si c'est évidemment un avantage majeur. Il s'agit également de développer une intimité plus profonde avec votre partenaire, d'apprendre à bien connaître votre corps et le sien, et d'explorer les moyens de rendre vos expériences tantriques partagées plus agréables.

L'enseignement tantrique considère le corps comme un temple digne de respect et de révérence, et le massage tantrique peut aider à soulager le stress physique et émotionnel et induire un plaisir intense. Il y a aussi, bien sûr, la croyance selon laquelle les hommes pourraient jouir plus souvent d'orgasmes plus puissants s'ils contrôlent l'éjaculation.

Certains praticiens tantriques pensent également qu'éjaculer à chaque fois que l'on a un orgasme est mauvais pour la santé car cela affaiblit le corps. Il s'agit d'un enseignement ancien que certains experts tantriques remettent en question de nos jours, mais que de nombreuses personnes y croient encore.

Que vous adhériez ou non à cette théorie, le contrôle de l'éjaculation permettrait à l'homme d'avoir plusieurs orgasmes comme sa partenaire et, avec le temps et la pratique, ces orgasmes pourraient être synchronisés pour une expérience plus intense. Ce contrôle pourrait être obtenu plus facilement en apprenant le fonctionnement de son corps et en reconnaissant les signes indiquant que l'éjaculation est imminente, mais que l'on n'a pas atteint le point de non-retour. L'autre avantage de l'éjaculation contrôlée est qu'elle peut aider à surmonter des problèmes sexuels frustrants tels que la dysfonction érectile et l'éjaculation précoce.

Pour ouvrir votre propre corps à des nouvelles expériences sensuelles et plus intenses et pour contrôler le lingam afin de maîtriser l'éjaculation et d'être multi orgasmique, vous devez savoir quels muscles sont utilisés pendant ces activités et vous assurer qu'ils fonctionnent correctement. Pour ce fait, vous devriez les exercer et les tonifier comme vous le feriez pour n'importe quel autre muscle de votre propre corps. L'exercice de ces muscles ne vous fera pas transpirer - du moins, pas lorsque vous les pratiquez !

Les muscles impliqués dans ces processus sont principalement les muscles du plancher pelvien et les muscles du sphincter anal, ainsi que certains muscles du bas-ventre. La plupart d'entre eux sont situés dans la zone du périnée. Rappelons qu'il s'agit de la petite zone sensible située entre l'anus et le vagin pour les femmes et entre l'anus et les testicules pour les hommes. En veillant à ce que les muscles de cette zone soient entraînés et fonctionnent bien, vous obtiendrez des orgasmes plus intenses et plus puissants .Vous seriez plus à l'écoute de votre corps et de son fonctionnement.

La tension peut s'accumuler dans la région anale, ce qui peut affecter profondément tous les aspects de votre vie, en provoquant du stress et des sentiments négatifs et en empêchant l'expression complète et franche du plaisir sensuel. Les personnes qui ont pratiqué l'entraînement de la racine et expérimenté l'éveil de la racine se sentent généralement plus heureuses, en meilleure santé et plus en accord spirituel et sensuel avec leur propre corps et celui de leur partenaire.

L'exercice des muscles du périnée est communément appelé "exercices de Kegel", d'après Arnold Kegel, qui en a eu l'idée dans les années 1940. En principe, les exercices de Kegel isolent les différents muscles et la personne qui les pratique contracte et relâche volontairement les muscles. Cela les renforce au fil du temps, aiderait les hommes à surmonter les troubles de l'érection et l'éjaculation précoce, et permettrait aux femmes de resserrer et de renforcer les muscles du plancher pelvien, ce qui faciliterait l'accouchement et rend les rapports sexuels vaginaux plus agréables. Les deux sexes pourraient utiliser les Kegels pour résoudre les problèmes d'incontinence urinaire.

Exercer le muscle BC

Avant d'effectuer ces exercices, vous devez isoler et identifier les différents muscles. Le muscle bulbo spongieux, ou bulbocaverneux (BC), est impliqué dans la fin de l'écoulement de l'urine chez les deux sexes. Chez l'homme, il est également impliqué dans l'érection et l'éjaculation, tandis que chez la femme, il intervient lors de la stimulation clitoridienne et contribue à la fermeture du vagin. Le muscle se trouve à la base du lingam chez l'homme et entoure le clitoris chez la femme.

Il existe deux façons de renforcer ce muscle. La première consiste à contracter physiquement le muscle pour arrêter l'écoulement de l'urine, en le faisant entrer en jeu plus tôt que naturellement. Maintenez la contraction pendant environ cinq secondes, puis relâchez-la. Si vous faites l'exercice correctement, l'écoulement d'urine s'arrêtera complètement. Pour de meilleurs résultats, faites cet exercice environ 20 fois par jour. Il existe des vidéos sur YouTube et des sites médicaux respectés qui vous aideront à maîtriser la technique si vous ne savez pas comment vous y prendre.

Un autre exercice associé à l'éveil de la racine consiste à localiser le muscle BC en insérant un doigt dans le vagin pour les femmes et dans l'anus pour les hommes. Contractez les muscles jusqu'à ce que vous sentiez le vagin ou l'anus se resserrer autour de votre doigt. Maintenez la contraction pendant quelques secondes, puis relâchez. C'est ce qu'on appelle une pompe radiculaire. Dans un premier temps, contractez les muscles pendant trois secondes, puis relâchez la contraction pendant trois autres secondes. Répétez cet exercice 10 fois. Progressivement, augmentez le nombre de répétitions jusqu'à 10, avec un temps de maintien et de relâchement de cinq secondes.

Pour des exercices de CB plus avancés, qui vous ouvriront à des sensations encore plus intenses, essayez de faire 20 exercices ou plus de contraction et de relâchement rapides, ou de maintenir une contraction pendant 20 secondes ou plus avant de la relâcher pendant 20 secondes supplémentaires. Pour s'assurer que la relaxation est complète - en particulier après une contraction plus longue - il peut être utile d'imaginer que votre plancher pelvien est un ascenseur pendant que vous détendez les muscles de la Colombie Britannique. Lorsque vous vous contractez, vous tirez l'ascenseur vers le haut et lorsque vous le relâchez, vous le repoussez vers le rez-de-chaussée, aussi loin que possible. Oui, c'est fantaisiste, mais ça marche !

Comme tous les autres muscles, les muscles périnéaux ont besoin d'un apport régulier en oxygène pour que les exercices fonctionnent. Veillez à ce que cela se produise en maintenant une respiration régulière pendant que vous effectuez vos exercices.

Une fois que vous êtes parfaitement conscient de l'emplacement du muscle BC et que vous effectuez l'exercice correctement, vous n'avez pas besoin d'utiliser votre doigt, de sorte qu'en théorie, vous pouvez faire ces exercices n'importe quand et n'importe où. Cependant, il est préférable de les effectuer dans un environnement détendu où vous pouvez vous concentrer sur votre respiration et avoir des pensées paisibles.

Exercer le muscle PC

Un autre muscle périnéal important est le muscle pubococcygien (muscle PC). Plus connu sous le nom de plancher pelvien, il s'agit d'une structure en forme de hamac qui s'étend jusqu'au coccyx et maintient tout en place. Le muscle PC contrôle l'écoulement de l'urine et se contracte également pendant l'orgasme. Il joue également un rôle dans l'accouchement.

Les hommes peuvent exercer le muscle PC en même temps que le muscle BC et de la même manière. L'augmentation de la durée des contractions sur une période d'environ quatre semaines aiderait à maintenir les érections plus longtemps, car des Kegels correctement effectués garantissent qu'une fois que le pénis est gorgé de sang et en érection, la veine est suffisamment forte pour rester fermée et maintenir l'apport sanguin, plutôt que de s'ouvrir et de permettre à l'érection de s'estomper avant que l'orgasme ne soit atteint.

Utiliser un œuf de jade

Les femmes peuvent trouver plus facile d'exercer les muscles du PC à l'aide d'un œuf de jade, qui est inséré dans le vagin. Les œufs de jade - qui, comme leur nom l'indique, sont fabriqués en pierre de jade - sont utilisés par les femmes chinoises depuis des siècles pour tonifier et renforcer les muscles vaginaux. On dit que les reines et les concubines des anciens rois chinois étaient autrefois les seules à les utiliser pour plaire à leurs empereurs.

Le terme courant pour ce type d'exercice est "haltérophilie vaginale", car la femme aspire l'ovule - le poids - dans le vagin grâce à la force de ses muscles. Le vagin n'est pas conçu pour être percé, mais pour aspirer et expulser des objets, comme lors d'un accouchement, à l'aide de la force musculaire.

Comme c'est la façon naturelle de faire les choses, c'est aussi la plus agréable pour les deux partenaires. Lorsque les muscles internes du yoni d'une femme sont tonifiés, elle peut les isoler pendant les rapports sexuels pour masser le lingam de son partenaire à la pointe, à la base ou en séquence tout le long de la tige. C'est une expérience incroyablement sensuelle pour tous les deux et, en plus d'améliorer le plaisir sexuel, des muscles PC toniques facilitent l'accouchement et protègent contre l'incontinence urinaire plus tard dans la vie. L'haltérophilie vaginale est donc à la fois saine et sensuelle.

Avant d'utiliser l'œuf, votre corps devrait être prêt et réceptif, alors caressez-vous - sur vos seins, vos cuisses, partout où vous aimez être touchée. Ensuite, prenez l'œuf et ajoutez un peu de lubrifiant. En général, il y a un trou pour faire passer la ficelle, ou bien il y a déjà une ficelle, pour ne pas la perdre. Allongez-vous sur le dos, les jambes pliées, et insérez doucement l'œuf dans votre yoni. L'œuf entre d'abord dans la partie la plus large. Ne poussez pas l'œuf à l'intérieur - laissez votre yoni l'aspirer pendant que les lèvres des lèvres s'y attachent. Cette technique s'appelle "siroter".

Respirez régulièrement et assez profondément, et laissez votre yoni faire ce qu'il faut pour ramener l'ovule à la maison. Il vous faudrait peut-être un peu de pratique avant de pouvoir aspirer l'ovule sans y penser, mais vous sauriez que vous faites bien ces exercices lorsque cela se produirait.

Un autre exercice consiste à tirer doucement sur la ficelle comme si vous vouliez la retirer, puis à contracter les muscles du PC pour la maintenir en place.

Essayez de serrer et de relâcher les muscles avec une forte contraction pour maintenir l'œuf en place. Cela vous donnera une idée des progrès réalisés dans le cadre de votre programme d'exercices. Essayez ensuite d'isoler les différents groupes de muscles et d'augmenter la sensation dans le vagin. Tous ces exercices vous aideraient à tonifier votre plancher pelvien et à renforcer les muscles afin que vous puissiez vous contracter à volonté, qu'il y ait quelque chose à l'intérieur de vous ou non. Et si votre partenaire se trouve à l'intérieur de vous pendant que vous vous contractez et vous relâchez, il vivra une expérience sexuelle époustouflante.

Outre l'œuf de jade, d'autres articles disponibles sur le marché permettent de faire travailler votre vagin et de renforcer les muscles du plancher pelvien. Rendez-vous dans votre magasin Ann Summers ou sur Internet et lisez quelques commentaires pour savoir ce qui vous conviendrait le mieux. Les Ben Wa Balls connaissent une renaissance grâce aux livres 50 Shades of Grey. Comme les œufs, elles sont maintenues dans le vagin pour faire travailler les muscles de votre PC. Elles augmentent également les sensations et vous amènent souvent à l'orgasme. Vous pouvez laisser l'une ou les deux boules à l'intérieur du corps pendant les rapports sexuels. Vous et votre partenaire éprouverez de merveilleuses sensations grâce à elles.

Les exercices du périnée peuvent donc contribuer à améliorer vos expériences sensuelles lors d'un massage tantrique, tant pour les hommes que pour les femmes. Consultez-les et trouvez un ou plusieurs exercices qui vous conviendraient. Vous ne seriez certainement pas déçu!

Chapitre 10 : Apprenez à aimer votre bouton de rose

Dans le tantra, l'anus est appelé le bouton de rose. C'est un nom plutôt romantique pour une partie du corps qui est taboue pour de nombreuses personnes. Le massage anal tantrique est pratiqué pour deux raisons. La première est le plaisir, pur et simple. L'anus possède des milliers de terminaisons nerveuses, c'est donc une partie sensible du corps. Et comme la prostate est située dans le passage anal, les hommes peuvent éprouver beaucoup de plaisir lors d'un massage "par la porte arrière", qu'il soit externe, interne ou qu'il s'agisse d'un mélange des deux.

Les femmes sont également sensibles à cet endroit, bien qu'elles n'aient pas de prostate. La paroi entre le vagin et le rectum est très fine, de sorte que si une femme est pénétrée simultanément dans les deux orifices, que ce soit avec un pénis, des doigts ou des jouets, elle peut ressentir des sensations sensuelles très profondes.

L'autre raison de se faire masser l'anus est la libération émotionnelle. Vous avez déjà entendu l'expression "rétention anale" ? La croyance tantrique veut que tout ce qui a été vécu dans la vie descende le long du corps et s'installe dans la région abdominale. Et s'il y a des sentiments négatifs ou des émotions refoulées, ils peuvent rester là, attendant d'être libérés. Si vous avez du mal à exprimer vos émotions, un massage anal curatif peut vous aider à faire sortir ces sentiments négatifs et vous permettre de repartir à zéro. C'est un peu comme si vous appuyiez sur le bouton de réinitialisation de votre routeur lorsque le Wi-Fi ne fonctionne pas correctement.

Un massage anal curatif, comme un massage du yoni, peut provoquer des réactions émotionnelles extrêmes. Il peut y avoir des larmes - beaucoup de larmes - et peut-être des cris et des mouvements. Par conséquent, si l'objectif du massage anal est la guérison, adressez-vous à un masseur tantrique expérimenté qui sait comment gérer les retombées et comment réagir. C'est peut-être trop demander à votre partenaire, même s'il vous aime et s'il est prêt à effectuer le massage. Parfois, il vaut mieux s'éloigner de ce qui est familier pour le bien de tous.

En revanche, si votre massage anal est purement destiné à vous procurer du plaisir, c'est tout à fait différent. Il y a là un paradoxe, car le massage anal produit un état d'excitation qui est également très relaxant, de sorte qu'il n'y a pas d'urgence à atteindre le point culminant et l'orgasme. Le receveur apprécie simplement ce qui se passe, et l'orgasme, lorsqu'il se manifeste, est exactement le même. Il s'agit d'une onde dans le corps plutôt que d'une explosion de sensations. L'orgasme anal est différent et il est difficile de le décrire à quelqu'un qui n'en a jamais fait l'expérience. Cependant, une fois que vous l'aurez vécu, vous voudrez en faire l'expérience encore et encore.

Certaines personnes disent que l'une des meilleures choses de l'orgasme anal est qu'il n'est pas centré sur la zone génitale, ce qui donne une sensation totalement différente. En outre, il n'est pas aussi intense à certains égards, ce qui permet de le faire durer presque indéfiniment. Si vos organes génitaux sont hypersensibles, il se peut que vous ne puissiez pas le faire, ce qui vous prive d'une grande partie du plaisir. L'orgasme anal ne serait probablement pas aussi épuisant physiquement, de sorte que, quel que soit votre âge ou votre niveau de forme, vous pouvez jouir de l'orgasme anal sans effets indésirables.

Le massage anal, comme tout autre massage, doit commencer par un massage général pour détendre le receveur. Massez la nuque et les épaules, en descendant le long du dos et en poussant les muscles dans la direction du cœur pour stimuler la circulation. Passez ensuite aux fesses et pétrissez la chair, mais n'allez pas jusqu'à l'anus à ce stade - un léger effleurement de la zone suffit. Descendez le long des jambes et remontez, et là encore, effleurez vos mains en direction générale de l'anus.

Vous détendez votre partenaire et suscitez l'anticipation car, pour un massage anal réussi, votre partenaire doit être à la fois détendu et excité. Vous devez trouver le bon moment, ce qui parviendra avec la pratique.

Lorsque vous revenez vous concentrer sur l'anus, enroulez légèrement vos doigts autour de l'extérieur. Vous vous souvenez que l'anus est appelé le bouton de rose dans le Tantra ? Certaines personnes pensent que les délicats plis de peau autour de l'ouverture ressemblent aux pétales d'une fleur, et le fait de taquiner ces plis avec les doigts amènera l'anus à s'ouvrir pour recevoir ce qui lui est offert. Cela vaut donc la peine de passer un peu de temps à cet endroit, en taquinant, en caressant et en effleurant la peau avec la main.

Lorsque vous vous aventurez dans le passage anal, posez votre doigt contre l'ouverture et versez un peu de lubrifiant dans la zone. Si le receveur est suffisamment excité, son anus s'ouvrira à votre contact, mais ne le forcez pas. Continuez à taquiner et à entourer les plis de la peau autour de l'anus en attendant qu'il s'ouvre à vous. Une fois que vous avez pénétré l'anus, laissez votre doigt se reposer un moment pour vous habituer aux sensations. Après quelques minutes, vous pouvez essayer de localiser la prostate. Elle se trouve à environ 5 cm dans le rectum et vous saurez que vous l'avez trouvée lorsque vous la sentirez.

À chaque étape du massage, vérifiez auprès du receveur qu'il est d'accord avec ce que vous faites, soit qu'il s'agisse d'un homme ou d'une femme. Les hommes peuvent avoir des difficultés à accepter l'intimité profonde d'un massage anal, en particulier s'ils sont hétérosexuels et que c'est un homme qui les masse. Cependant, un vrai praticien tantrique va au-delà du sexuel tout en invoquant des sentiments de plaisir sublime.

Rappelez-vous que le tantra enseigne aux gens à vénérer leur corps, tout en obtenant autant de plaisir qu'ils le désirent. Il ne s'agit pas seulement de plaisir sensuel - il y a aussi un élément de guérison. Par-dessus tout, c'est l'équilibre du corps qui importe le plus. L'éveil de la racine - comme le massage anal est souvent appelé dans l'enseignement tantrique - peut faire beaucoup pour votre santé en réalignant la colonne vertébrale et en stimulant le système nerveux central.

En résumé, le massage anal, ou l'éveil de la racine, est une expérience profondément sensuelle et spirituelle qui peut soulager le stress, chasser les pensées et les sentiments négatifs et procurer des orgasmes profondément satisfaisants qui permettent au receveur d'entrer davantage en contact avec son corps et ses désirs. Rappelez-vous que la racine n'a rien de honteux - même si certaines cultures la considèrent encore comme un sujet tabou et certainement pas comme une zone conçue pour le plaisir.

Bien entendu, les personnes qui perpétuent ces opinions et ces dogmes ne sont pas en contact avec leur dieu ou leur déesse intérieur(e). Avant de vous soumettre aux expériences sublimes qui vous attendent grâce au tantra et à ses enseignements, vous devriez débarrasser votre esprit de ces processus de pensée négatifs et vous ouvrir au véritable plaisir qui puisse découler du massage anal et de l'éveil de la racine.

Chapitre 11 : Comment le massage tantrique peut améliorer votre vie sexuelle

Le massage tantrique est bien plus qu'un simple massage. Il s'agit d'une expérience complète de connaissance du corps et de l'esprit. Les couples constatent que les rituels associés au massage tantrique les rapprochent à bien des égards. Le tantra enseigne la révérence à l'égard de votre partenaire, de sorte que vous ne le considérez en aucune façon comme acquis. Ensuite, il y a le jeu de rôle clairement défini, où le donneur donne tout et le receveur s'abandonne à l'expérience.

Grâce à cela, un couple peut découvrir beaucoup plus sur l'esprit et le corps de l'autre, et pas seulement au sens sexuel, bien que le massage tantrique puisse certainement vous aider à apprendre tout ce qui donne du plaisir à votre partenaire. Il vous apprend également à être moins égoïste et plus généreux, en vous concentrant sur le plaisir de votre partenaire plutôt que sur le vôtre. Cette attitude de don se retrouve souvent dans la vie en dehors de la chambre à coucher, de sorte que vous vous sentirez probablement plus heureux et plus proche en tant que couple à la suite de vos expériences avec le massage tantrique.

Le massage tantrique soulage la pression de bien des façons. Outre le fait que le donneur s'occupe de tout, de sorte que le receveur n'a rien d'autre à faire que de s'abandonner au plaisir, le massage tantrique est relaxant et guérisseur sur le plan émotionnel. De nombreuses personnes déclarent ressentir simultanément la relaxation et l'excitation, ainsi qu'un sentiment de bien-être et d'estime de soi très fort. Cela est dû à la révérence dont fait preuve le donneur. Il s'agit presque d'une sensation spirituelle, en plus d'une expérience sensuelle.

Le plaisir dans le tantra n'est pas un moyen de parvenir à une fin - vous ne cherchez pas à atteindre l'orgasme ou à ressentir le besoin d'être performant. Le plaisir est centré sur l'instant présent, et tout est axé sur la jouissance de l'instant. Les deux partenaires sont donc beaucoup plus détendus et moins stressés. Le massage stimule la circulation, ce qui contribue à maintenir la tension artérielle à un niveau sain et procure un sentiment de bien-être général, rendant la vie plus agréable à bien des égards, et pas seulement sur le plan sexuel.

Les problèmes sexuels tels que l'éjaculation précoce et la frigidité peuvent souvent être résolus par le massage tantrique, qui éliminerait le stress et mettrait le plaisir au premier plan. Se concentrer sur le plaisir du moment plutôt que sur les problèmes potentiels est libérateur et valorisant pour les hommes comme pour les femmes. Certaines personnes pensent à tort que le sexe tantrique dure des heures, mais ce n'est pas une question de durée. Il s'agit de prolonger le plaisir et de l'amener à un niveau supérieur.

Les orgasmes ne sont pas l'objet du massage tantrique, mais ils se produisent souvent à la suite de celui-ci, et lorsqu'ils se produisent, ils sont souvent plus intenses et plus longs. C'est parce qu'il s'agit de s'abandonner au désir et au plaisir et de se connecter à son corps à un niveau plus profond que jamais. Vous découvririez une nouvelle conscience de vous-même et de votre partenaire. Parce que votre respiration est en harmonie, vos expériences et vos sensations fusionneront, créant quelque chose de plus puissant que vous n'avez jamais connu.

Rituel du Maithuna

Les thérapeutes tantriques encouragent souvent les couples à essayer le rituel du maithuna. Il s'agit d'une séance d'amour sacrée au cours de laquelle les deux partenaires honorent le dieu et la déesse qui sont en chacun d'eux avant de faire l'amour. Commencez par prendre un bain ou une douche, puis faites un peu de yoga ou de méditation pour clarifier l'esprit et détendre le corps. Ensuite, entraînez-vous à respirer ensemble avant de commencer à vénérer votre partenaire. Essayez de synchroniser votre respiration tout en regardant votre partenaire dans les yeux afin d'établir une connexion profonde.

Traditionnellement, c'est l'homme qui commence l'adoration. Il peut s'agir de draper son corps nu avec des foulards et des tissus et de la masser avec de l'huile sur tout le corps. Il peut y avoir des pauses pour méditer, ou il peut chanter pour lui dire à quel point elle est belle et combien il l'adore. Il se peut que vous vous sentiez gêné au début, mais essayez tout de même, car les gens ne parlent pas assez de leurs vrais sentiments. Ensuite, les rôles sont inversés et la femme vénère le dieu de son homme. Cela pourrait prendre autant de temps que vous le souhaitiez - il s'agit d'une forme d'adoration qui ne devait pas être précipitée.

Lorsque vous êtes prêt, passez au toucher du yoni et du lingam. Le jeu oral devrait également occuper une place importante, car la langue contient de nombreux points d'énergie et le fait de l'utiliser sur votre partenaire permet de faire circuler l'énergie sexuelle. N'essayez pas d'amener votre partenaire à l'orgasme de cette façon. Concentrez-vous sur le fait de donner et de recevoir du plaisir pour le moment. Là encore, prenez votre temps plutôt que de vous précipiter. Savourez les sensations que vous donnez et recevez, et profitez de l'instant présent.

Lorsque vous vous sentez prêts pour la pénétration, c'est la femme qui doit diriger la progression des choses, et le couple doit se regarder profondément et amoureusement dans les yeux en permanence. Rappelez-vous que vous vous vénérez l'un l'autre comme un dieu et une déesse, et intégrez cette adoration dans vos mouvements pendant que vous faites l'amour. Laissez l'orgasme se produire comme il le souhaiterait et restez unis après l'orgasme pour permettre à l'énergie sexuelle de continuer à circuler entre vous le plus longtemps possible.

Le sexe tantrique est un sexe spirituel et, en effet, les enseignements du tantra devraient être présents dans tout ce que vous faites, et pas seulement dans la chambre. Concentrez-vous sur ce que vous faites et sur le plaisir que vous éprouvez, et oubliez la recherche de l'orgasme. Consacrez du temps au plaisir pour permettre à l'énergie sexuelle de circuler entre vous. Plus que tout, il s'agit de donner et de recevoir du plaisir l'un pour l'autre.

Ce qu'il faut retenir, c'est que les pratiques sexuelles tantriques pourraient améliorer presque instantanément votre vie sexuelle et tous les autres aspects de votre vie, car vous commencez à vous sentir mieux et à envisager la sexualité différemment. Quant aux rituels, ils sont flexibles et vous pouvez les adapter à vos propres intérêts et désirs. Préparez-vous à ce que le sexe tantrique modifierait votre vision de la sexualité et de la vie en général. Il peut apporter une toute nouvelle vie d'harmonie et de compréhension avec votre partenaire, enrichir votre relation à tous les niveaux en créant une plus grande intimité.

Trop de gens ne peuvent pas être désinhibés vis-à-vis de leur corps parce qu'on leur a enseigné que leurs parties intimes doivent rester privées et que la sexualité devrait être subie plutôt qu'appréciée pour faire des bébés. L'enseignement du tantra ouvre l'esprit et le corps à des expériences sensuelles nouvelles et intenses. Cependant, les bienfaits du massage tantrique ne se limitent pas à l'aspect purement sexuel. Le massage tantrique peut apporter une guérison physique et émotionnelle pour que vous vous sentiez plus heureux et que vous soyez en meilleure santé et que vous surmontiez tous les problèmes que vous pourriez avoir concernant le sexe ou toute autre chose. Une fois que vous aurez plus confiance en vous, vous pourriez vous attaquer à ces problèmes.

Chapitre 12 : Massages tantriques spéciaux

Les bienfaits du massage tantrique ont été discutés en profondeur ici, et vous devriez maintenant en savoir assez pour réveiller le dieu ou la déesse qui est en vous, vous mettre à l'écoute de votre corps et profiter d'une intimité et d'une harmonie accrues avec votre partenaire, ainsi que d'un nouvel éveil sexuel. Outre les massages de base qui vous sont désormais familiers, il existe également des massages spécialisés que vous souhaiterez peut-être essayer.

La beauté du massage tantrique réside dans le fait que vous pouvez en ressentir les bienfaits immédiatement. Cependant, à mesure que vous devenez plus compétent et que vous apprenez à connaître plus intimement votre corps et celui de votre partenaire, vous pouvez introduire de nouvelles techniques. Et, bien sûr, vous pouvez apprendre auprès de thérapeutes tantriques expérimentés. Le massage tantrique est donc à la fois facile d'accès et spécialisé. Vous pouvez vous contenter des massages d'entrée de gamme ou souhaiter approfondir vos connaissances et votre expérience. Il n'y a pas de bonne ou de mauvaise voie - tout ce qui fonctionne pour vous et votre partenaire est parfait, alors ne stressez pas si vous avez l'impression de ne pas faire tout ce que vous lisiez et entendiez.

Massage des seins

Le massage tantrique des seins est à la fois agréable et bénéfique pour la femme. Il raffermit les seins et équilibre les hormones dans le corps. Selon le Tantra, les seins sont le siège de la sexualité féminine et, avant qu'une femme puisse ouvrir tout son corps à son homme, ce dernier doit vénérer les seins par un massage spécial. N'oubliez pas que les seins sont des zones sensibles et qu'il faut donc trouver le juste équilibre entre exercer une pression suffisante pour les besoins thérapeutiques et ne pas meurtrir les tissus délicats de la zone mammaire.

Comme pour tous les massages tantriques, il est important de commencer par créer l'ambiance et de mettre la zone à l'aise. Ensuite, détendez-vous en faisant quelques exercices de respiration avant que le massage ne commence. Traditionnellement, le massage commence lorsque l'homme place une main sur le cœur et l'autre sur la yoni. Ensuite, il visualise son amour et son énergie voyageant de son propre cœur vers sa femme à travers ses mains.

Une bonne quantité d'huile est nécessaire pour assurer le confort de la peau, c'est pourquoi il convient d'enduire les seins d'huile avant de commencer. Effectuez des mouvements circulaires, de l'espace entre les seins vers la zone des aisselles. Allez-y lentement et doucement. Il ne faut pas se précipiter. Une fois que le sein est recouvert d'huile, vous pouvez le pétrir doucement, en le soulevant légèrement de la poitrine et en utilisant les deux mains. Vous pouvez essayer le mouvement de l'étoile de mer, qui consiste à étaler la paume de la main sur le sein, puis à rapprocher les doigts, en serrant doucement au fur et à mesure. Ce mouvement est très agréable pour votre fe mme.

Passez maintenant aux mamelons. Placez vos pouces de chaque côté du mamelon, puis rapprochez-les tout en tirant le mamelon vers votre cœur. Faites le tour du mamelon avec vos pouces pour masser toutes les zones du mamelon et de l'aréole. Suivez l'exemple de votre partenaire en ce qui concerne la pression - certaines femmes aiment une pression ferme autour du mamelon, tandis que d'autres préfèrent un toucher plus léger.

Lorsque le massage est terminé, caressez et lissez toute la zone des seins, en allant doucement du centre vers les aisselles. Passez un peu de temps à vous détendre ensemble après le massage. Votre femme aurait peut-être besoin de se détendre seule après le massage. Le donneur et le receveur pourraient tous deux apprécier ce type de massage, car il est non seulement relaxant mais en plus source de plaisir. Le massage des seins est considéré comme réparateur sur le plan physique et émotionnel et sert de préliminaires sexuels. Il pourrait être combiné à d'autres massages ou être utilisé seul.

Massage du clitoris

Le clitoris n'a qu'une seule fonction : amener la femme à l'orgasme. Toute femme peut atteindre l'orgasme grâce à la stimulation clitoridienne, qui est en fait sa propre machine à plaisir. Le massage clitoridien met l'accent sur cette zone et célèbre le plaisir qui peut en découler.

Pour commencer, la femme s'allonge sur le ventre et reçoit un massage corporel pendant une dizaine de minutes, de la tête aux pieds, pour lui permettre de se détendre. Demandez-lui ensuite de se retourner et répétez le massage du corps sur le devant, en commençant par les pieds et en remontant sans toucher les seins ni le yoni. Terminez par un massage du visage et de la tête, puis descendez le long du corps jusqu'aux seins et aux mamelons avant d'arriver à la vulve et au clitoris.

Pour effectuer un massage clitoridien, vos doigts devraient être lubrifiés afin qu'ils glissent sur le clitoris sans provoquer de frottement. Le déroulement du massage dépendrait en grande partie de l'anatomie du clitoris. Chez certaines femmes, il est bien développé et proéminent, tandis que chez d'autres, il pourrait être très petit. Utilisez le pouce, l'index et le majeur si nécessaire, et apprenez à connaître toute la zone clitoridienne, et pas seulement la partie proéminente. Faites glisser entre vos doigts la peau lâche qui entoure le clitoris et pincez légèrement la zone. Prenez exemple sur votre femme - si elle a besoin d'une pression supplémentaire, appliquez-la.

Il est également agréable pour votre partenaire de souffler légèrement sur le clitoris. Contrairement à de nombreux massages tantriques, le massage clitoridien vise à provoquer l'orgasme. Trouvez un rythme qui lui convient et rappelez-vous que le fait de faire glisser de haut en bas la peau lâche qui entoure le clitoris l'aiderait à atteindre l'orgasme - il n'est pas nécessaire que la stimulation soit directe en permanence. Lorsqu'elle atteint l'orgasme, ralentissez les choses, car elle est probablement très sensible à présent. Éloignez votre main de la zone clitoridienne, mais maintenez le contact physique pendant qu'elle redescend. De légères caresses sur l'intérieur des cuisses ou autour de la vulve fonctionnent bien à ce stade.

Un massage clitoridien tantrique n'est pas un simple préliminaire - c'est la centralisation totale de la principale source de plaisir sexuel d'une femme. Lorsqu'elle a atteint l'orgasme, vous pouvez soit recommencer le massage, soit lui demander de vous faire un massage des testicules.

Massage des testicules

Les testicules sont les parties les plus sensibles du corps d'un homme, vous pouvez donc vous sentir un peu nerveuse à l'idée de les masser. Cependant, un massage tantrique des testicules, effectué correctement, peut être très bénéfique pour votre homme. Le massage des testicules favorise l'irrigation sanguine de la zone et pourrait également améliorer la performance de l'éjaculation et même augmenter le nombre de spermatozoïdes. Tout ceci est une bonne nouvelle pour votre homme, et s'il vous fait suffisamment confiance pour vous permettre de réaliser un massage testiculaire tantrique, cela créerait un niveau de confiance et d'intimité plus profond entre vous.

Si le massage des testicules est effectué correctement, il peut être extrêmement agréable pour votre homme. Plusieurs techniques peuvent être utilisées, mais n'oubliez pas de utiliser toujours un toucher léger et doux. Observez le visage de votre amant pendant que vous travaillez et prenez ses indices. Vous pourriez facilement voir s'il apprécie ou non. S'il semble se sentir mal à l'aise, touchez-le plus légèrement. Vous apprendrez vite à connaître ce qui lui convient.

Les mouvements circulaires sont toujours source de plaisir. Passez légèrement vos doigts autour de la base de la verge, en soulignant progressivement les testicules . Vous pouvez aussi faire courir vos doigts de la base des testicules vers le haut et le long de la tige du pénis dans un mouvement léger. Vous pouvez également essayer de le faire avec un ongle. Il s'agit de tester votre homme pour voir ce qu'il aime. Observez-le constamment, regardez-le dans les yeux et inspirez-vous-en.

Pincer et presser légèrement les testicules est une autre façon de lui procurer des sensations agréables. Vous pouvez aussi pincer et rouler légèrement la peau du scrotum, en la tirant doucement entre deux doigts. Demandez à votre homme ce qu'il aimerait que vous fassiez - la communication est importante ici.

Le massage testiculaire tantrique est sain et curatif, et il peut favoriser une connexion plus étroite entre vous deux, à condition qu'il soit pratiqué de la bonne manière. Prenez le temps d'apprendre à connaître le corps de votre homme et à savoir comment il réagit aux différentes techniques de massage. Ce massage peut être pratiqué seul ou intégré à un lingam ou à un massage complet du corps.

Massage de la prostate

Les praticiens tantriques croient depuis des siècles que la prostate, siège de la sexualité de l'homme, est également la zone du corps où les sentiments les plus négatifs s'accumulent au fil du temps. Les déceptions, les frustrations, la colère et la haine, ainsi que le manque d'estime de soi pourraient tous causer des problèmes au niveau de la prostate, également connue sous le nom de "point G" masculin. Le massage de la prostate peut aider à stimuler la circulation dans la région, en apportant du sang et de l'oxygène pour une meilleure santé. Une prostate en bonne santé est moins susceptible de rencontrer des problèmes tels que l'hypertrophie de la glande, les infections urinaires et même le cancer, et c'est donc un excellent service qu'une femme pourrait rendre à son amant.

Le massage de la prostate peut assouplir et détendre les muscles de la région, ce qui permet à la prostate de fonctionner normalement et en bonne santé, et c'est une technique que tout le monde peut apprendre. Avant de commencer le massage, l'homme doit vider sa vessie et ses intestins, si nécessaire. La femme qui effectue le massage doit avoir les mains propres et les ongles bien manucurés. Elle peut aussi préférer utiliser un gant en latex bien ajusté pour rendre le massage plus facile et plus confortable pour son partenaire.

Ce massage est plus confortable pour votre amant s'il est sexuellement excité, vous pouvez donc commencer par cela. Utilisez ensuite un lubrifiant à base d'eau sur le gant ou sur votre doigt, et insérez doucement un doigt dans son anus. Cherchez la prostate, de la taille et de la forme d'une noix, et exercez une légère pression sur elle, en élargissant progressivement votre champ d'action aux muscles qui l'entourent. Augmentez légèrement la pression si votre partenaire s'y sent à l'aise, et préparez-vous à une explosion d'émotions, surtout si votre homme a un lourd bagage émotionnel.

Le massage de la prostate pourrait également être pratiqué pendant l'amour, lorsqu'il provoque une éjaculation intense. Une activité sexuelle fréquente est saine pour la prostate, car elle permet d'évacuer les liquides et de renforcer les muscles environnants. Combinée à un massage régulier de la prostate, cette activité augmente la circulation du sang et de l'oxygène dans la région, réduisant ainsi le risque d'infection, d'hypertrophie de la prostate et même de cancer. Et si votre homme a la malchance de souffrir de problèmes de prostate, le massage peut aider à en soulager les symptômes. C'est également un excellent moyen de renforcer l'intimité et la confiance entre vous, et vous devriez donc l'envisager pour sa santé et votre bien-être émotionnel en tant que couple.

Outre le plaisir qu'ils procurent, les massages tantriques spéciaux seraient également bénéfiques sur le plan physique et émotionnel pour les deux partenaires. En prime, ils pourraient rapprocher un couple en créant des liens particuliers de confiance et d'intimité. Si vous n'êtes pas sûr de vous à l'idée d'entreprendre des massages spéciaux, parlez-en à un thérapeute tantrique, qui pourrait vous guider tout au long du processus et vous donner des conseils et des astuces pour en faire une expérience spéciale pour vous deux.

Chapitre 13 : Comment avoir du bon sexe tantrique

Le massage tantrique est un moyen de guérison émotionnelle et physique. Il peut également vous mettre en harmonie avec votre corps et celui de votre partenaire, et accroître la proximité et l'intimité entre vous, même si vous êtes ensemble depuis de nombreuses années. Le massage tantrique s'adresse également à votre énergie sexuelle et améliore la circulation sanguine afin que vous puissiez tirer le meilleur parti de vos expériences sexuelles. Les hommes trouveront que l'augmentation de la circulation sanguine permettrait de surmonter les difficultés à obtenir et à maintenir une érection, tandis que les femmes découvriront de nouvelles voies d'excitation et connaîtront des orgasmes plus intenses que jamais.

Bien que le but du massage tantrique ne soit pas d'avoir un orgasme, il arriverait souvent qu'un orgasme soit atteint pendant le massage, et qu'il soit plus intense et plus durable que jamais. En outre, le massage tantrique vous aiderait à découvrir les secrets de votre corps et de celui de votre partenaire. Ainsi, lorsque vous faites l'amour, vous pouvez découvrir des couches plus profondes de sentiments et d'émotions et accroître l'intimité et le plaisir entre vous. Voici quelques idées pour rendre vos expériences sexuelles tantriques extraordinaires.

Allez-y doucement

Le sexe tantrique n'est pas une course - c'est un voyage entre deux personnes qui sont connectées à la fois spirituellement et sensuellement. Il est donc important de bien faire les choses. Il ne s'agit pas d'un baiser rapide quand vous avez juste besoin de vous détendre, alors assurez-vous d'avoir du temps ensemble sans distraction pour vous concentrer totalement l'un sur l'autre. Détendez-vous en faisant des exercices de respiration et regardez-vous dans les yeux avec amour.

Lorsque vous vous sentez tous deux calmes, détendus et heureux en compagnie de l'autre, il est temps de commencer. Prenez le temps d'explorer pleinement le corps de l'autre avant d'envisager la pénétration. Touchez, caressez, embrassez, léchez, caressez, caressez - que ce soit par le biais d'un massage ou simplement en vous touchant l'un l'autre. Tout dépend de vous. Au cœur de l'enseignement du tantra se trouverait la vénération de votre amant comme un dieu ou une déesse. Vous ne vous intéressez donc pas uniquement à la zone génitale lorsque vous faites l'amour, mais vous vénériez et appréciez la personne dans son ensemble. C'est pourquoi les praticiens tantriques vous encourageraient à consacrer du temps à l'exploration et à la découverte.

En passant du temps à explorer le corps de l'autre, vous atteindriez un état d'excitation accru qui vous aiderait à atteindre un orgasme intense et prolongé. Vous avez peut-être lu que le sexe tantrique durait des heures, et oui, cela peut arriver, mais ce n'est pas une obligation. Il ne s'agit pas d'un marathon sexuel. Il s'agit de prolonger la connexion et l'intimité et de prolonger le plaisir pour votre satisfaction mutuelle. Il ne s'agit pas de se concentrer sur les organes génitaux et d'atteindre l'orgasme. Il s'agit de l'expérience sexuelle dans son ensemble.

Lorsque vous vous sentez proches de l'orgasme, faites une pause, respirez et redescendez un peu. Continuez ensuite et, si vous le souhaitez, répétez l'expérience de la respiration et de la descente. L'orgasme qui en résultera - lorsqu'il se produira - sera vraiment époustouflant pour vous deux et vaudra bien l'attente. Avec le sexe tantrique, l'orgasme n'est pas le seul but - le plaisir et la satisfaction totale sont l'objectif. Il faut donc y aller doucement et savourer toutes les sensations. Comme nous l'avons déjà dit, ce n'est pas une course!

Le sexe tantrique anal

Le tantra consiste à défier les tabous personnels et à repousser les limites entre les couples. Le sexe anal est l'abandon total de chaque partie de son corps par la femme envers l'homme, et il s'inscrit parfaitement dans la philosophie du tantra. Il est également possible d'éprouver un orgasme très intense par le biais du sexe anal tout en profitant d'une union complète en tant que couple.

Ceux qui approfondissent les principes tantriques pensent que lorsque le lingam pénètre profondément dans le rectum et éjacule, il nourrit l'énergie kundalini en passant par le chakra sacré de la femme, qui est lié au sexe. Ainsi, à bien des égards, le sexe anal incarne la philosophie tantrique puisqu'il repousse les limites sexuelles et favorise l'union sexuelle complète entre les couples, ainsi que l'éveil des énergies dans le corps.

Prolonger l'expérience

Si les femmes mettent plus de temps que les hommes à atteindre l'orgasme, elles peuvent en revanche en avoir plusieurs. Cependant, lorsque l'homme éjacule, il est souvent épuisé et la séance d'amour s'arrête là. Le Tantra pense qu'éjaculer trop tôt ou trop souvent affaiblit l'homme et que la femme risque de ne pas être pleinement satisfaite. L'un des principaux secrets du sexe tantrique est donc de prolonger les ébats en utilisant des techniques simples de contrôle de l'éjaculation. Ces techniques peuvent en fait améliorer la qualité de l'orgasme lorsqu'il se produit, elles valent donc la peine d'être essayées.

Pratiquer des exercices de respiration tantrique est une façon de ralentir les choses et de revenir au bord du gouffre. Une respiration lente et rythmée contrôlera l'orgasme et vous permettra également de vous connecter à votre partenaire si vous synchronisez votre respiration. À l'approche de l'orgasme, la respiration s'accélère, voire se bloque. Ralentir la respiration est un bon moyen de se calmer et de se détendre afin de pouvoir continuer plus longtemps.

Changer de position peut également contribuer à ralentir les choses. En changeant de position, vous ne vous concentrez plus sur la montée de l'excitation et vous pouvez recommencer avec de nouvelles sensations. Il existe de nombreuses positions, alors expérimentez pour trouver celles que vous préférez. C'est une période où la recherche peut être très amusante!

Une autre façon de retarder l'éjaculation est de tirer sur les testicules pour les éloigner du corps. Cela supprime l'envie d'éjaculer et vous permet à tous les deux de profiter plus longtemps de votre plaisir. Vous pouvez le faire vous-même ou demander à votre partenaire de le faire pour vous.

Les exercices de Kegel peuvent également retarder l'éjaculation. Lorsque vous urinez, essayez d'arrêter le flux. Faites de même lorsque vous approchez de l'éjaculation et, pour de meilleurs résultats, combinez ce geste à la respiration tantrique.

Toutes ces stratégies simples vous aideront à prolonger vos séances d'amour et à profiter d'un plaisir et d'une intimité accrus avec votre partenaire.

Exercices pour augmenter la libido

Dans le tantra, vous pouvez faire plusieurs exercices pour augmenter votre libido, stimuler votre énergie sexuelle et améliorer vos orgasmes. La plupart de ces exercices sont simples et ne demandent pas beaucoup de temps ou d'énergie. Essayez-les et voyez ceux qui vous conviennent.

Le rebondissement pelvien est un exercice simple qui tonifie les fesses et stimule la libido. Il suffit de s'allonger sur le lit, à plat sur le dos, les genoux levés et écartés de la largeur des hanches. Respirez de façon rythmée jusqu'à ce que vous soyez complètement détendue, serrez les fesses, soulevez le bassin et rebondissez de haut en bas pendant environ une minute. Reposez-vous ensuite pendant 30 secondes environ et faites une autre séric de rebonds. Pendant que vous vous reposez, respirez profondément de manière contrôlée. Commencez par deux séries, puis augmentez jusqu'à cinq séries, que vous effectuerez un jour sur deux.

Les femmes peuvent souhaiter resserrer leur vagin à l'aide des exercices de l'œuf de jade. Un vagin serré et ferme accroît le plaisir de l'homme ainsi que de la femme, car il améliore les sensations de chacun. Le Tantra considère que les femmes doivent être capables de contrôler les muscles du vagin pour leur propre bénéfice et celui de leur partenaire, et l'utilisation d'un œuf de Jade peut les y aider. Il favorise également la lubrification naturelle du vagin, pendant les rapports sexuels et à d'autres moments, ce qui améliore la santé sexuelle et le confort des ébats.

En insérant l'œuf lors des exercices de Kegel décrits dans un chapitre précédent, vous tonifierez et renforcerez vos muscles vaginaux afin que les rapports sexuels soient plus agréables pour vous comme votre partenaire. La durée d'utilisation de l'ovule est laissée à votre appréciation. Une quinzaine de minutes par jour est probablement le minimum que vous devriez envisager, bien que certaines femmes trouvent la sensation de l'ovule dans le vagin si agréable qu'elles sont heureuses de le garder toute la journée. Il est également possible d'atteindre l'orgasme en faisant des exercices de Kegel avec l'ovule en place, ce qui vous permet d'avoir du plaisir tout en faisant de l'exercice et en tonifiant votre vagin en vue d'un plus grand plaisir avec votre partenaire.

Vous avez peut-être remarqué que tous ces conseils sont axés sur le contrôle - contrôle de la respiration, contrôle de l'orgasme, contrôle des muscles. C'est parce que le sexe tantrique fonctionne mieux lorsque les deux partenaires contrôlent leur corps et leurs réactions aux sensations.

Il ne s'agit pas de s'abandonner au plaisir, même si les orgasmes qui en résulteront seront probablement plus intenses et plus puissants que tout ce que vous avez connu jusqu'à présent.

Conclusion

En apprenant le massage tantrique, vous pourriez partager avec votre partenaire une expérience que vous apprécierez tous les deux. Vous pourriez l'amener dans un nouveau monde de plaisir et de proximité qu'il n'avait peut-être jamais connu auparavant. Le massage tantrique se concentre sur l'ensemble de la personne, et pas seulement sur les centres de plaisir comme les zones génitales, même si, bien sûr, ces zones sont concernées et permettent aux partenaires d'être plus que jamais à l'écoute de leur corps respectif.

Un autre aspect du massage tantrique est qu'en plus d'ouvrir de nouvelles voies d'exploration et de plaisir, il permet aux couples d'apprendre à se contrôler. L'orgasme n'est pas l'objectif recherché, même s'il survient souvent à la suite du massage. Lorsque la pression de la performance et de l'orgasme disparaît, les couples se sentent souvent plus libérés l'un envers l'autre et capables d'accéder à de nouveaux domaines de plaisir dont ils n'avaient que rêvé auparavant.

De nombreuses personnes ont constaté qu'elles étaient plus proches de leur partenaire après la première séance de massage tantrique. Ils ont également l'impression de connaître les besoins et les désirs de leur partenaire plus que jamais, même s'ils sont mariés depuis de nombreuses années. L'avantage du massage tantrique est que ses bienfaits sont facilement accessibles, même aux débutants, et qu'ils constatent une amélioration immédiate de leurs relations interpersonnelles.

Avec le temps, et en s'aventurant plus profondément dans l'expérience tantrique, ils apprennent à mieux connaître leur propre corps et celui de leur partenaire, et ils peuvent exploiter le pouvoir du tantra pour la guérison physique et émotionnelle. En conséquence, ils se sentent en meilleure santé et plus confiants, et ils peuvent mieux faire face au stress et aux tensions de la vie quotidienne. Cela signifie qu'ils sont beaucoup plus détendus, dedans et dehors de la chambre à coucher. Par conséquent, leurs expériences sexuelles seraient améliorées et ils sont plus en phase l'un avec l'autre, physiquement et émotionnellement. Grâce au tantra, ils apprendraient à se respecter et à se vénérer mutuellement à tous égards, ce qui ne peut qu'améliorer et enrichir leur relation.

Les références

Chamberlain, C. (2022, February 3). *A step-by-step guide to performing tantric massage*. Yahoo Life.

Duncan, J. (2024, September 10). *7 Mindful Tantra Techniques to Cultivate Deeper Intimacy*. Organic Authority.

Folk, H. (2024, May 29). *Guide to Erogenous Zones: A New Way to Connect With Your Partner*. The Knot.

Lockett, E. (2020, November 24). *Your Guide to Lingam Massage*. Healthline; Healthline Media.

Maimon, L. (2023, December 5). *What is Tantra Massage Therapy and its Healing Benefits* - Somananda Tantra School.

Radhakrishnan, R. (2021, October 4). *Is Prostate Massage Healthy? Health benefits, Risks, Steps*. MedicineNet.

Villines, Z. (2020, July 24). *Erogenous zones: What they are and how to stimulate them*.

Villines, Z. (2022, June 1). *Prostate milking: Definition and how to do it*.

Wendel, N. (2021, February 2). *6 Tantric Techniques to Improve Your Sex Life | Spirituality+Health.*

Yoni Massage: A Pathway to Feminine Awakening and Healing – Tantric Journey Brighton. (2023).

Votre Voyage Sacré Continue

Le chemin de la découverte spirituelle est vaste et se déploie sans cesse. Si le massage tantrique a touché votre âme, vous trouverez encore davantage dans notre collection de livres, soigneusement sélectionnés, sur l'intimité et la transformation intérieure. Scannez le code QR ci-dessous pour découvrir d'autres guides conçus pour approfondir votre connexion et élargir votre cheminement spirituel.

https://mybook.to/frenchcollection□

Remerciements

Un livre sur l'intimité et la connexion spirituelle exige une grande honnêteté et une communication ouverte. Mes remerciements les plus sincères vont à tous ceux qui m'ont accompagné sur ce chemin — aux enseignants qui ont partagé leur savoir avec moi, et aux couples courageux dont l'ouverture et la confiance m'ont inspiré encore et encore. Un merci tout particulier à ma partenaire / mon partenaire, dont l'amour et la présence sont la véritable source de ces lignes. Et enfin, je vous remercie, cher lecteur, chère lectrice, de vous lancer dans ce voyage pour porter la dimension sacrée du toucher à travers le monde.

À propos de l'auteure

Cindy Steele est une exploratrice dévouée du cœur et une fervente défenseure de l'intimité consciente. Forte d'une expérience dans le bien-être holistique et le coaching relationnel, Cindy a passé des années à aider les couples à combler le fossé entre le toucher physique et la connexion spirituelle. Son écriture est portée par la conviction que chaque étreinte est une occasion de guérison et chaque souffle une chance de redécouvrir son partenaire. Lorsqu'elle n'écrit pas ou n'anime pas d'ateliers, on peut trouver Cindy en train de pratiquer le yoga, de voyager vers des sites sacrés ou de savourer la beauté paisible de la nature.